首批国家级一流本科专业建设点系列教材
支持线上线下混合式教学的"纸质课程+在线课程"一体化教材
本教材适用于韩国语专业本科生、二外学生及培训班学员

中级韩国语（上）
중급한국어（상）

总主编　全永根
主　编　金　美　〔韩〕裴允卿
副主编　金英姬　　　易　超
编　委　朴香兰　〔韩〕李　善　林　明　池圣女

北京大学出版社
PEKING UNIVERSITY PRESS

图书在版编目（CIP）数据

中级韩国语. 上 / 全永根总主编；金美，（韩）裴允卿主编. —北京：北京大学出版社，2023.10

21世纪韩国语系列教材

ISBN 978-7-301-34360-9

Ⅰ.①中… Ⅱ.①全… Ⅲ.①朝鲜语－高等学校－教材 Ⅳ.① H55

中国国家版本馆CIP数据核字(2023)第157786号

书　　　　名	中级韩国语（上）
	ZHONGJI HANGUOYU（SHANG）
著作责任者	全永根　总主编　金　美〔韩〕裴允卿　主编
责任编辑	刘　虹
标准书号	ISBN 978-7-301-34360-9
出版发行	北京大学出版社
地　　　址	北京市海淀区成府路205号　100871
网　　　址	http://www.pup.cn　新浪微博：@北京大学出版社
电子邮箱	编辑部 pupwaiwen@pup.cn　总编室 zpup@pup.cn
电　　　话	邮购部 010-62752015　发行部 010-62750672　编辑部 010-62759634
印　刷　者	河北文福旺印刷有限公司
经　销　者	新华书店
	787毫米×1092毫米　16开本　18.5印张　320千字
	2023年10月第1版　2023年10月第1次印刷
定　　　价	68.00元

未经许可，不得以任何方式复制或抄袭本书之部分或全部内容。
版权所有，侵权必究
举报电话：010-62752024　电子邮箱：fd@pup.cn
图书如有印装质量问题，请与出版部联系，电话：010-62756370

前　言

本教材是针对中、高级韩国语学习者的学习用书。教材精选语言、文化、历史、社会、科学、环保、文学、地理等内容进行编排，注重知识输入的同时，结合精心设计的教材结构和单元环节，让学习者不仅能够有效习得语言知识和人文知识，还能够提高语言表达能力、阅读理解能力和人文素养。

本教材每个单元由对话、课文、词汇和语法、练习四大部分构成。课文选材积极向上、体裁丰富，涉及了语言学、文学、历史学、哲学等多学科的相关内容，以及诗歌、散文、小说等各种体裁的文学作品。同时，兼顾了口语和书面语两种形式，注重对学生语言能力进行全面均衡的训练。

本教材支持线上线下混合式教学，通过在线学习平台（"名师云课荟萃"），将纸质课程与在线课程挂钩。教材每篇课文的语法点均配有微课视频，可通过"名师云课荟萃"手机小程序观看相应的语法教学微课，通过生动的在线课程，学生能够更加沉浸式地习得语法知识。并且，本教材练习题型丰富、实用性和趣味性强。学生可以通过讨论、回答问题、课堂展示、拓展阅读、翻译、写作等各种形式的习题巩固所学的内容和语言知识，进行技能训练，进一步强化阅读理解能力、思辨能力和语言表达能力，加深对对象国文化的理解，同时坚定文化自信、树立建设新时代社会主义文化强国的信念。

本教材是首批国家级一流本科专业建设点（广东外语外贸大学朝鲜语专业）系列教材之一，编者全部为有着丰富教材编写经验和教学经验的一线教师。教材不仅适用于高校韩国语专业的学习者，还可以供辅修韩国语者、将韩国语作为第二外语学习者、自学韩国语者及韩国语培训机构使用。

由于时间关系，本教材难免有疏漏之处，恳请广大读者提出宝贵意见。

编　者

2023年2月

목 록

제1과 학교 사이트에서 수강 신청을 해요 ················· 1
- -려니/으려니
- 에 대한
- -므로/으므로
- -아/어/여야겠-
- 마다
- -고자

제2과 집이 남향이라 따뜻하고 밝아요 ················· 20
- -ㄴ/은/는데도 불구하고
- 에(7)
- 에 따라(서)
- -아/어/여 놓다
- 가/이 아니라

제3과 집들이 선물로 휴지하고 세제를 사 가요 ················· 38
- 보고
- -롭다
- -기에(는)
- -구나/는구나
- -라고/으라고
- 야말로/이야말로

제4과 시작이 반이라고 지금부터 착실하게 준비하면 되지 ············ 56
- -다더니/ㄴ다더니/는다더니/라더니
- -는 길이다
- -ㄴ/은/는 이상
- -면/으면 몰라도
- 따라

제5과 쑥과 마늘만 먹고 백일 동안 햇빛을 보지 말거라 ········· 72

-리라/으리라　　　　　-거라
-ㄹ/을 듯이　　　　　 -란다/이란다, ㄴ/는단다
-냐/느냐/으냐　　　　 -아/어/여 달라고
로/으로 하여금

제6과 한국 지폐 속 인물을 다 알아요? ················· 92

한테서/에게서　　　　로서/으로서
-ㅁ/음으로써　　　　　-자
-아/어/여 내다

제7과 한국의 산과 바다 ························ 108

-ㄹ/을 지경이다　　　　-ㄴ/은/는 모양이다
-기(가) 그지없다　　　　-ㄴ/은/는/ㄹ/을 만큼

제8과 한국에서는 생일에 미역국을 먹어요 ············· 124

라도/이라도　　　　　-고도
-고 보니(까)　　　　　-아/어/여 오다

제9과 성격이 차분해서 야무지게 잘할 것 같은데요 ········ 140

-니　　　　　　　　　은/는 고사하고
-ㄴ/은 지　　　　　　-나/으나 마나
-ㄴ/은 나머지

제10과 흥부와 놀부 ·························· 158

네　　　　　　　　　-게 생겼다
-고 말다　　　　　　 -아/어/여다(가)
-기 일쑤이다

목 록

제11과 취직하면 따로 나와 사는 사람들이 많아 ······················ 177

-기는(요)　　　　　　　　-ㄹ/을 텐데
-대/래/ㄴ대/는대　　　　-ㄹ/을뿐더러
-는가 하면

제12과 한글박물관에 다녀왔어요 ······································· 196

만 아니면　　　　　　　-ㄴ/은/는가 보다
-ㄹ/을걸　　　　　　　　만치
-노라　　　　　　　　　-는 한

제13과 쓰레기 더미 속에서 살아야 할지도 몰라요 ···················· 214

-지 않으면 안 되다　　　　-ㄴ/은/는 척하다
-ㅁ/음과 동시에　　　　　-다가는
-려야/으려야 -ㄹ/을 수 없다　마저

제14과 「나의 사랑하는 생활」을 모방하여 한 편의 수필을 써 볼까요?
··· 235

-ㄹ/을까 하다　　　　　　로/으로 미루어
-는 내내　　　　　　　　-ㄹ/을 법하다

词汇表 ··· 252

제 1 과
학교 사이트에서 수강 신청을 해요

语法概要：

> -려니/으려니 -아/어/여야겠-
>
> 에 대한 마다
>
> -므로/으므로 -고자

1)

피 뎅: 여보세요? 혜진 씨, 저 피뎅인데요.

김혜진: 네, 피뎅 씨, 오랜만이에요.

피 뎅: 제가 지금 기숙사에서 수강 신청을 하고 있는데 이상하게 잘 안 돼요. 혹시 시간 되면 좀 도와줄 수 있어요?

김혜진: 알겠어요. 지금 산산이랑 같이 학교 도서관에 왔는데 책을 반납하고 바로 갈게요.

(한 시간 후 피뎅 방에서)

김혜진: 미안해요. 도서관에 책을 반납하는 학생들이 한꺼번에 몰리는 바람에 좀 늦었어요. 잘 지냈지요?

피 뎅: 네, 잠깐 집에 갔다 왔는데 한국 생활에 다시 적응하려니 정신이 없네요. 지난 학기에 해 봤던 수강 신청도 지금 못해서 이렇게 쩔쩔매고 있잖아요.

왕산산: 그럴 수도 있죠, 뭐. 저도 혜진 씨가 도와줘서 수강 신청을 했어요.

김혜진: 잠시만요. 제가 한번 볼게요. 아, 피뎅 씨가 과목을 너무 많이 신청했네요. 한 학기에 이수할 수 있는 학점이 제한되어 있거든요.

피 뎅: 그래요? 저는 그것도 모르고 한국어를 잘하고 싶은 욕심에 수업을 많이 신청하려고 했네요. 그럼 제가 듣고 싶은 과목 중에서 한두 과목은 빼야겠어요. 에휴, 뭘 빼야 하나……

왕산산: 피뎅 씨, 제가 지난 학기에 <한국 역사와 문화> 수업을 들었는데 한국 역사에 대한 내용이 생각보다 어려워서 따라가기가 좀 힘들었어요.

피 뎅: 정말요? 산산 씨가 저보다 한국어를 훨씬 더 잘하는데 그렇게 어려웠다니 그럼 일단 이 과목부터 빼야겠네요.

왕산산: 피뎅 씨도 한국어 잘하잖아요. <한국 역사와 문화>는 학기마다 개설되니까 꼭 듣고 싶으면 다음 학기에 들어도 돼요.

김혜진: <한국 민속> 이 과목은 온라인 강의나 동영상을 통해서도 얼마든지 공부할 수 있어요. 제가 사이트를 하나 추천해 줄게요. 자, 여기 한번 보세요. 동영상, 음성 파일 외에도 전자책까지 있잖아요. 음, 곧 추석이니까 제가 '추석'을 검색해 볼게요.

피　뎅: 와! 추석의 유래, 놀이, 음식…… 뭐가 많네요. 이 사이트에서 한국 민속을 공부하면 되겠어요. 그럼 <한국 민속>은 취소하고 <한국 역사와 문화>는 다음 학기에 들어야겠어요.

2) 추석

　　추석은 음력 8월 15일로 한가위 또는 중추절(仲秋節)이라고도 하는데 한국 사람들은 추석을 설 명절 다음으로 중요하게 생각한다. 추석 전후는 봄과 여름 동안 열심히 가꾼 곡식과 과일들을 수확하여 생활이 풍족할 뿐만 아니라 덥지도 춥지도 않아서 한국 속담에는 '더도 말고 덜도 말고 한가위만 같아라'라는 말도 있다.

　　추석은 시기적으로 곡식과 과일 등이 풍성한 때이므로 추석에 먹는 음식 또한 여러 가지가 있는데 그 중 가장 대표적인 것이 바로 송편이다. 송편은 쌀가루를 반죽하여 팥, 콩, 깨, 밤, 대추 등으로 소를 만들어 넣고 반달 모양으로 빚어 찐 떡을 말한다. 솔잎을 깔고 찌기 때문에 송편이라는 이름이 생겼다.

　　추석날 가장 중요한 행사는 아침 일찍 일어나 차례를 지내는 것이다. 한 해 동안 농사가 잘된 것에 대해 조상들께 감사의 마음을 전하고자 그해 처음으로 수확한 햇곡식으로 정성껏 음식을 만들어 차례상에 올린다. 차례가 끝나면 차례에 올렸던 음식으로 아침 식사를 한 후 조상의 산소에 가서 벌초를 하고 성묘를 한다.

　　추석 명절에는 옛날부터 가족과 친지들이 한데 모여 여러 가지 놀이를 즐겼다. 남자들은 낮에 농악과 씨름을 했고 여자들은 보름달 아래에서 강강술래 춤을 추었다. 이렇게 사람들은 이러한 다양한 놀이를 통해 서로 간의 관계를 돈독히 하고 화합을 다지고자 하였다.

　이와 같이 추석은 조상을 기억하고 그 은혜에 감사하며, 동시에 수확을 축하하면서 다 같이 어울려 신나게 즐기는 명절로 산업화 시대에 들어선 오늘날까지도 그 정신과 문화가 전승되고 있다.

새 단어

수강 신청(受講申請)	（名）	选课
한꺼번에	（副）	一下子，一次
몰리다	（被动）	聚集，涌入；被赶到，被驱逐到
쩔쩔매다	（自动）	手足无措，团团转
이수하다(履修--)	（他动）	修，修读
제한되다(制限--)	（自动）	受限；有限
욕심(慾心)	（名）	欲望，贪念，贪心，贪婪
빼다	（他动）	减去，除去，删掉
따라가다	（他动）	跟随，追随，跟着
온라인(on-line)	（名）	线上，网上
동영상(動映像)	（名）	视频
사이트(site)	（名）	网站
파일(file)	（名）	（电脑）文件夹
추석(秋夕)	（名）	中秋节
유래(由來)	（名）	由来，来由
놀이	（名）	游戏，玩耍

제 1 과 학교 사이트에서 수강 신청을 해요

민속(民俗)	（名）	民俗
음력(陰曆)	（名）	阴历，农历
한가위	（名）	中秋，中秋节
중추절(仲秋節)	（名）	中秋节
가꾸다	（他动）	养，栽培，种植
곡식(穀食)	（名）	粮食，庄稼，谷物
수확하다(收穫--)	（他动）	收获，收割，收取
풍족하다(豊足--)	（形）	充裕，丰饶
속담(俗談)	（名）	谚语，俗语
풍성하다(豊盛--)	（形）	丰盛，丰富
송편	（名）	松糕，松饼
쌀가루	（名）	大米面
반죽하다	（他动）	和（面）；搅拌
팥	（名）	红豆，小豆
콩	（名）	黄豆，大豆
깨	（名）	芝麻
밤	（名）	栗子，板栗
대추	（名）	大枣，枣子
소	（名）	馅
반달(半-)	（名）	半月，半圆月
빚다	（他动）	揉，包，捏
찌다	（他动）	蒸
떡	（名）	糕，打糕

솔잎	(名)	松叶，松针
깔다	(他动)	铺
조상(祖上)	(名)	祖先，先祖，祖上
햇	(前缀)	当年的，新的，新下来的
정성껏(精誠-)	(副)	真诚地，精心地，热诚地
올리다	(他动)	呈上；敬（酒）；行（礼）
산소(山所)	(名)	墓，墓地
벌초(伐草)	(名)	扫墓
성묘(省墓)	(名)	扫墓，上坟
친지(親知)	(名)	亲人，知己，亲朋好友
한데	(名)	一处，一个地方
농악(農樂)	(名)	农乐（韩国农村在节庆时演奏的一种传统音乐）
씨름	(名)	摔跤
보름달	(名)	十五的月亮，圆月，满月
강강술래	(名)	"羌羌水越来"，圆圈舞（一种民俗舞蹈，主要在元宵节或中秋节晚上由女子来跳）
돈독하다(敦篤--)	(形)	深厚，笃实
화합(和合)	(名)	和谐，和睦
다지다	(他动)	加强，巩固
전승되다(傳承--)	(自动)	传承，继承

제 1 과 학교 사이트에서 수강 신청을 해요

 **문법 설명**

1. -려니/으려니: 관용 표현

동사의 어간에 붙어 어떤 행위의 의도를 나타내면서 그것이 뒤 상황의 배경이나 전제임을 나타낸다.

'-(으)려니'는 '-(으)려고 하니'의 줄어든 표현으로 큰 의미 차이 없이 '-(으)려니까'로 바꿔 쓸 수 있다.

예문:

(1) 잠깐 집에 갔다 왔는데 한국 생활에 다시 적응하려니 정신이 없네요.

回了一趟家（再回来），要重新适应韩国的生活，手忙脚乱的。

(2) 10년 넘게 일한 학교를 떠나려니 발이 떨어지지 않는다.

要离开工作了十多年的学校，真是舍不得。

(3) 공부를 하면서 아르바이트를 하려니 무척 힘들다.

一边学习一边还要打工，真的很累。

(4) 막상 혼자 밥을 먹으려니 입맛이 없네요.

真要自己一个人吃饭，就觉得没胃口。

(5) 교수님께 갑자기 추천서를 부탁 드리려니 많이 죄송하네요.

突然要拜托教授写推荐信，感到非常抱歉。

2. -아/어/여야겠-: 관용 표현

용언의 어간에 붙어 그러한 행위를 하거나 그러한 상황이 아니면 안 된다고 강한 의지를 표현하거나 추측할 때 쓴다.

'-아/어/여야겠-'은 '-아/어/여야 하겠-'의 줄어든 표현으로 주로 구어체에 쓰며 문어체에서는 '-아/어/여야 하겠-'으로 많이 쓴다.

예문:

(1) 제가 듣고 싶은 과목 중에서 한두 과목은 빼야겠네요.

得从我想听的课当中去掉一两门了。

(2) 이번 문화 체험에는 저도 꼭 참가해야겠어요.

这次的文化体验活动，我也一定要参加。

(3) 오늘 비가 온다니까 우산을 잘 챙기셔야겠어요.

听说今天要下雨，您得带好伞才行。

(4) 이렇게 쉬운 속담도 모르다니 한국어 공부를 더 열심히 해야겠다.

这么简单的俗语都不会，韩国语学习得加把劲儿了。

(5) 소화가 잘 안 되는 것 같아요. 약을 먹어야겠어요.

好像消化不太好，得吃点药才行。

3. 에 대한: 관용 표현

체언의 뒤에 붙어 앞 내용이 뒤 내용의 대상임을 나타낸다. '에 대한'은 큰 의미 차이 없이 '에 관한'으로 바꿔 쓸 수 있다.

'에 대한'은 '에 대하다'의 관용형으로 뒤에 오는 체언을 수식하고, '에 대해(서)'는 '에 대하다'에 연결어미 '-여서'가 결합된 형태로 뒤에 오는 용언을 수식한다.

예문:

(1) 한국 역사에 대한 내용이 생각보다 어려워서 따라가기가 좀 힘들었어요.

제 1 과   학교 사이트에서 수강 신청을 해요

关于韩国历史的内容比想象的难多了，有点跟不上。

(2) 과제 준비 때문에 한국 민속에 대한 책을 빌리려고 합니다.

要准备作业，所以打算借一些关于韩国民俗的书。

(3) 백세시대를 맞아 건강에 대한 관심이 높아지고 있다.

即将迎来百岁时代，人们对健康的关注越来越高。

(4) 수미는 이번 행사에 대해서 전혀 모르고 있는 것 같았다.

对于这次的活动，秀美好像完全不知情。

(5) 오늘 강의에 대해서 질문이 있으시면 채팅방에 글을 남겨 주세요.

对于今天的课，如果还有疑问，请在群里留言。

4. 마다: 조사

체언의 뒤에 붙어 하나하나 빠짐없이 모두의 뜻을 나타낸다.

예문:

(1) <한국 역사와 문화>는 학기마다 개설되니까 꼭 듣고 싶으면 다음 학기에 들어도 돼요.

"韩国历史与文化"这门课每个学期都会开，想听的话下学期听也可以。

(2) 수미는 날마다 인터넷에서 뉴스를 검색해 따라 읽기 연습을 한다.

秀美每天在网上找新闻来练习跟读。

(3) 만나는 사람마다 산산 씨가 한국어를 잘한다고 칭찬한다.

每个见到珊珊的人都夸她韩国语说得好。

(4) 공항버스는 학교 앞에서 30분마다 한 대가 출발한다.

每30分钟都有一辆机场大巴从学校门口出发。

(5) 그는 대학 4년동안 방학마다 봉사활동에 참가했다.

他大学四年期间，每个假期都会去参加志愿活动。

5. -므로/으므로: 연결어미

용언의 어간이나 선어말어미 '-었-', '-겠-' 뒤에 붙어 뒤에 오는 문장의 원인이나 이유, 근거를 나타낸다. 명령이나 권유를 나타내는 문장 앞에서는 쓰이지 않는다.

예문:

(1) 추석은 시기적으로 곡식과 과일 등이 풍성한 때이므로 추석에 먹는 음식 또한 여러 가지가 있는데 그 중 가장 대표적인 것이 바로 송편이다.

中秋正是谷物和水果收获的季节，因此中秋节的传统美食丰富多样，其中最有代表性的就是松饼。

(2) 이번 말하기 대회에서 우수한 성적을 거두었으므로 이 상장을 드립니다.

在本次演讲比赛中获得优异成绩，特颁发此奖状。

(3) 이 강은 수심이 깊으므로 배 없이는 건널 수 없다.

这条江水很深，没有船过不去。

(4) 봄에는 황사가 심하므로 꼭 마스크를 착용해야 한다.

春天沙尘暴肆虐，一定要戴好口罩。

제 1 과   학교 사이트에서 수강 신청을 해요

(5) 우리 교수님은 강의, 학회 및 외부 활동으로 항상 바쁘시므로 만나기 쉽지 않습니다.

我们教授经常忙于上课、参加学会和参加外部活动，因此很难约见。

6. -고자: 연결어미

동사의 어간에 붙어 뒤 문장의 행위를 하는 목적을 나타낸다.

예문:

(1) 한 해 동안 농사가 잘된 것에 대해 조상들께 감사의 마음을 전하고자 그해 처음으로 수확한 햇곡식으로 정성껏 음식을 만들어 차례상에 올린다.

每年欢庆丰收之际，为了感谢祖先，人们用当年收获的谷物精心制成美食，供奉于供桌上。

(2) 수미는 경영학을 공부하고자 한국에 유학을 갔다.

秀美为了学习管理学，去韩国留学了。

(3) 어려운 이웃을 돕고자 여러 곳에서 성금을 모으고 있다.

为了帮助有困难的邻里，各地在筹集善款。

(4) 기말 과제를 이번 주에 끝내고자 나는 매일 도서관에서 살다시피 한다.

为了这周内完成期末作业，我几乎每天都在图书馆。

(5) 산산 씨는 더 넓은 세상을 보고자 방학 때 여행을 떠났다.

珊珊为了去看更广阔的世界，假期去旅游了。

연습문제

★ 인터넷 사전에서 다음 표현을 찾아 그 의미와 활용을 익혀봅시다.

생김새	강요하다	중순	정작
귀하	기여	활성화시키다	포럼
일단	몰리다	다지다	불우이웃
미확인	논란	기한	억지로
떼어놓다	사태	초래되다	팥죽

1. 새로 배운 조사나 어미로 주어진 단어를 활용하여 괄호 안에 써 넣으십시오.

1) (   ) 생김새가 다르듯이 생각도 다르기 때문에 자신의 의견을 다른 사람에게 강요해서는 안 된다. (사람)

2) 예상보다 학생들의 (   ) 잘 알지 못하고 있었네요. (생각)

3) 지금은 부재 중(   ) 전화를 받을 수 없습니다. (이다)

4) 늘 팀원들과 함께 과제를 하다가 정작 혼자 과제를 (   ) 힘든 점이 한두가지가 아니네요. (하다)

5) 건강이 너무 나빠져서 이제부터라도 열심히 운동을 (   ). (하다)

6) 귀하는 양교(兩校)의 교류를 위해 큰 기여를 (   ) 이 감사패를 드립니다. (하다)

7) 양국의 문화 교류를 더욱 (   ) 본 포럼을 개최하게 되었습니다. (활성화시키다)

제 1 과   학교 사이트에서 수강 신청을 해요

2. 괄호 안에 알맞은 단어나 표현을 써 넣으십시오.

| 한꺼번에 | 혹시 | 일단 | 정성껏 | 오랜만에 |

1) 주말에 (   ) 시간이 있으세요?

2) (   ) 가 본 고향은 정말로 많이 변해 있었다.

3) 일을 (   ) 몰아서 하려고 하지 말고 (   ) 일의 순서를 정해 놓고 하나씩 해야 합니다.

4) 방학이 되면 부모님들은 (   ) 음식을 만들어 놓고 자식들이 고향에 돌아오기를 기다린다.

3. 주어진 단어를 순서대로 사용하여 문장을 만드십시오.

1) 요즘 나 여행 교통비 없다 쩔쩔매다 살다

    → _____

2) 백화점 세일하다 고객 많이 몰리다

    → _____

3) 에너지 자원 제한되다 있다 우리 자원 아끼다

    → _____

4) 새해 되다 사람 다이어트 금연 결심 다지다

    → _____

5) 현우 성격 좋다 친구 우애 돈독하다

    → _____

4. 아래의 문장에서 틀린 곳을 찾아 고치십시오.

1) 피뎅 씨는 이번 행사에 대하여 전혀 알고 있다.

2) 우리는 그 일을 기한 내에 끝냈고자 열심히 했다.

3) 길이 막히므로 지하철을 탑시다.

4) 혼자서 이 많은 만두를 다 만들으려니 쉽지 않다.

5. 같이 이야기해 봅시다.

1) 중국 대학에서는 수강 신청을 어떻게 하는지 한국 친구에게 소개해 봅시다.

2) 여러분이 다니는 대학은 한 학기에 이수할 수 있는 최대 학점이 몇 학점입니까? 그리고 전공 과목과 교양 과목 학점 이수에 어떤 규정이 있습니까?

3) '더도 말고 덜도 말고 한가위만 같아라' 라는 말은 어떤 의미인지 이야기해 봅시다.

4) 중국 중추절과 한국 추석을 비교해 봅시다.

6. 새로 배운 문법을 활용하여 다음 문장을 완성하십시오.

1) 가: 해외여행을 자주 가는 편이에요?
   나: _____(휴가 때)

2) 불우이웃들을 돕고자 _____.

3) 우리 팀 선수가 부상을 당하였으니 _____.

4) 아이를 억지로 떼어놓고 가려니 _____.

5) 이번 사태는 사원의 실수로 초래된 것이니_____.

제 1 과　학교 사이트에서 수강 신청을 해요

6) 미확인 비행물체처럼 보이는 사진이 공개되어 ＿＿＿＿＿＿＿＿＿＿ 논란이 있었다.

7. 다음 문장을 한국어로 번역하십시오.

1) 临近毕业，也该准备就业了。

2) 为了创业，辞掉了原来的工作。

3) 最近，关于"油价上涨是否合理"的问题引起了公众的热议。

4) 打折期间在网上买了一条连衣裙，但不太合身，要退货了。

5) 他原本就是个学习成绩好的学生，大家都认为他肯定能考上重点大学。

8. 다음을 중국어로 번역하십시오.

　　한국인들은 보름날 아침에는 보통 땅콩이나 호두, 밤과 같은 견과류를 깨 먹는데 이렇게 하면 피부에 여드름이 나지 않고 이도 튼튼해진다고 생각한다. 또 이날 만나는 사람에게 인사 대신 "내 더위 사세요."라고 말하며 더위를 파는 풍습도 있다. 이렇게 더위를 판 사람은 그해 여름을 덥지 않게 잘 지낼 수 있다고 믿었다. 그리고 그동안 저장해 둔 곡식과 나물을 모두 이용해 오곡밥과 아홉 가지 나물 반찬을 만들어 먹으면서 겨울 동안 부족했던 영양을 보충했다고 한다.

9. 다음 문법을 사용하여 문장을 만드십시오.

1) -려니/으려니

2) -아/어/여야겠-

3) 에 대한

4) 마다

5) -므로/으므로

6) -고자

10. 다음 표를 완성한 후 '동지'에 대한 글을 써 보십시오.

	한국	중국
날짜	음력 11월 중순 (양력 12월 22일경)	
성구, 속담	동지 때 개딸기	
풍습	■ 해의 신에게 제사 지냄 ■ 팥죽을 먹음 ■ 여기저기 팥죽을 놓아 붉은색으로 귀신을 쫓음	

 보충단어

정신이 없다	(词组)	(忙得)不可开交，手忙脚乱，不知所措
발이 떨어지지 않다	(惯用句)	迈不开步子；依依不舍
막상	(副)	实际上，真的，真要

제 1 과　학교 사이트에서 수강 신청을 해요

챙기다	（他动）	收拾，准备，备齐
백세시대(百歲時代)	（名）	百岁时代
행사(行事)	（名）	活动，仪式，典礼，庆典
채팅방(chatting房)	（名）	群聊，聊天室
칭찬하다(稱讚--)	（他动）	称赞，赞扬，表扬，夸奖
상장(賞狀)	（名）	奖状
학회(學會)	（名）	学会；学术会议
성금(誠金)	（名）	捐款，捐助
익히다	（使动）	使……熟悉，适应；习惯，掌握
휴학하다(休學--)	（自动/他动）	休学
수심(水深)	（名）	水深
황사(黃沙)	（名）	沙尘暴
마스크(mask)	（名）	口罩
착용하다(着用--)	（他动）	戴，穿戴

 **분류단어**

개강(開講)	开始上课
종강(終講)	结课
공강(空講)	没课
결강(缺講)	缺课，调课
휴강(休講)	停课

17

폐강(閉講)	不开课
출석(出席)	出勤
출석체크/출석확인	考勤
결석(缺席)	缺课
결석(결강)사유서/결석계	请假申请/请假单
병결(病缺)	病假
개인 사정(個人事情)	个人原因
복학(復學)	复学
계절학기(季節學期)	小学期
동아리	社团
동문회(同門會)	校友会
향우회(鄕友會)	同乡会
행정실(行政室)	办公室
강의실(講義室)	教室，课室
학과 사무실	系办公室
커뮤니티(community)	社区
학사일정(學事日程)	校历
학점(學點)	学分
전공 필수(專攻必修)	专业必修
전공 선택(專攻選擇)	专业选修
교양 필수(敎養必修)	公共必修
교양 선택(敎養選擇)	公共选修
스터디(study)	学习

제 1 과 학교 사이트에서 수강 신청을 해요

어학연수(語學硏修)	语言研修
인턴(intern)	实习
탐방(探訪)	访学，走访
답사(踏査)	考察，参观
(겨울/여름)캠프(camp)	（冬/夏）令营
오티(Orientation, OT)	迎新会
엠티(Membership training, MT)	团建

제 2 과
집이 남향이라 따뜻하고 밝아요

语法概要:

> -ㄴ/은/는데도 불구하고   -아/어/여 놓다
>
> 에(7)   가/이 아니라
>
> 에 따라(서)

1)

소피아: 안녕하세요? 어제 인터넷 광고 보고 전화 드렸던 학생인데요.

집주인: 아, 어서 들어오세요. 유학생이라고 했지요?

소피아: 네. 와, 원룸인데 크네요.

집주인: 그렇죠? 그리고 이 집이 원룸인데도 불구하고 베란다까지 있어서 공간 활용이 참 좋아요.

김혜진: 베란다에다가 안 쓰는 물건을 두면 되겠네요.

집주인: 맞아요. 또 집이 남향이라 햇볕이 잘 들어서 따뜻하고 밝아요. 그리고 보다시피 앞이 트여 있어서 전망도 괜찮은 편이에요.

소피아: 근데 아주머니, 냉장고하고 책상이 없네요.

제 2 과   집이 남향이라 따뜻하고 밝아요

집주인: 전에 살던 세입자가 자기가 쓰던 냉장고를 가져와서 원래 있던 냉장고를 치워 버렸어요. 학생이 원하면 냉장고하고 책상은 새로 사 놓을게요.

김혜진: 학교에서 여기까지 한 번에 오는 버스가 있어서 학교 다니기는 편할 것 같은데 혹시 이 근처에 지하철역도 있나요?

집주인: 근처에 2호선 역이 있는데 한 20분쯤 가야 돼요.

소피아: 그 정도면 운동 삼아 걸어 다녀도 되죠. 그런데 가격은 인터넷 광고에 올린 그대로인가요?

집주인: 네, 보증금 500만 원에 월세 50만 원이에요. 신축 건물이고 근처에 버스정류장도 있고 또 저 앞 사거리에 대형마트도 새로 생겨서 진짜 살기 편해요.

소피아: 혜진아, 네가 보기에는 어때?

김혜진: 음, 집이 깨끗하고 구조도 괜찮고 주변에 편의시설도 많고 다 마음에 드는데 가격이 좀 비싼 것 같아.

집주인: 학생, 월세에 관리비까지 포함되어 있는데 이 정도면 비싼 게 아니에요. 그리고 관리비에는 인터넷 이용료하고 수도 요금도 포함되어 있어요.

김혜진: 아, 그래요?

집주인: 네, 학생은 그냥 가스 요금하고 전기 요금만 따로 내면 돼요.

김혜진: 이런 조건이면 괜찮은 것 같아.

소피아: 그럼 이 집으로 정할까? 우리가 본 집 중에서는 이 집이 제일 나은 것 같아.

김혜진: 그럼 온 김에 오늘 바로 계약할까?

소피아: 그렇게 하자. 그런데 아주머니, 제가 이 집에서 살게 되면 특별히 주의해야 될 점은 없나요?

집주인: 여긴 공부하는 학생들이 주로 살기 때문에 큰 소리로 말하거나 떠들면 안 돼요. 그리고 쓰레기를 함부로 버리면 안 되니까 꼭 분리배출 해주세요.

2) 한국의 전통가옥

한옥은 한국의 전통가옥으로 단순히 먹고 자고 쉬는 '집'이 아니라 한국인들의 역사와 소중한 전통들이 그대로 보존되어 있는 한국문화의 핵심 중의 하나이다.

한옥은 보통 뒤로는 산을 등지고 앞으로는 햇볕이 잘 들며 물이 흐르는 남향이나 동남향인데, 이는 전통적인 배산임수(背山臨水)의 원칙에 따른 것이다. 한옥은 집의 구조에서부터 재료에 이르기까지 자연을 느낄 수 있도록 되어 있다. 이를테면 집의 기초는 돌로 하고 기둥, 문, 대청마루 등은 나무로 하며, 벽은 흙으로 만들었고, 문과 창에는 나무로 만든 한지를 발랐다.

한옥의 가장 큰 특징은 온돌과 대청마루가 있는 것이다. 이는 사계절이 뚜렷한 한국의 기후 변화에 적응하기 위해 고대인들이 생각해 낸 건축 양식이다. 온돌은 방바닥을 데우는 난방장치로 열효율이 좋고, 대청마루는 통풍이 잘 되어 여름에 시원하다. 따라서 한국 사람들은 옛날부터 온돌과 대청마루 덕분에 여름에는 시원하게, 겨울에는 따뜻하게 지낼 수 있었다. 또한 대청마루는 상황에 따라 다양하게 활용되기도 했는데 여름에는 서늘한 나무 바닥에서 식사를

제 2 과   집이 남향이라 따뜻하고 밝아요

하거나 휴식을 취하며, 집안에 큰일이 있을 때에는 여기에서 음식을 준비하기도 하였다.

　오늘날 한옥은 점점 사라져 가고 있지만 현대의 주택보다 더 친환경적이다. 특히 재료가 거의 재활용할 수 있는 것이고 보완만 잘하면 현대식 주택보다도 더 견고하여 여전히 한옥을 선호하는 사람들이 많다.

새 단어

베란다(veranda)	（名）	阳台，走廊
남향(南向)	（名）	南向，朝南
햇볕	（名）	阳光
트이다	（自动）	开阔；顺畅
전망(展望)	（名）	视野，展望；前景
세입자(貰入者)	（名）	房客，租客
치우다	（他动）	收起，清理，收拾
삼다	（他动）	当作，当成；视为，看作
그대로	（副）	就那样，照原样，照样
신축(新築)	（名）	新建，新盖
사거리	（名）	十字路，十字路口
편의시설(便宜施設)	（名）	便利设施，服务设施
계약하다(契約--)	（他动）	签，签订
함부로	（副）	随意，随便，胡乱

23

분리배출(分離排出)	(名)	分类投放
가옥(家屋)	(名)	住房，房屋，房子
핵심(核心)	(名)	核心
등지다	(他动)	靠，背靠，依靠
기초(基礎)	(名)	（建筑物等的）基筑，地基
기둥	(名)	柱子，支柱
대청마루(大廳--)	(名)	厅堂，大厅
한지(韓紙)	(名)	韩纸（韩国传统工艺造的纸）
방바닥	(名)	房内地面，地板
데우다	(他动)	热，加热
난방장치(煖房裝置)	(名)	供暖设备，供暖装置
열효율(熱效率)	(名)	热效率
통풍(通風)	(名)	通风
지내다	(自动/他动)	生活，过（日子）
서늘하다	(形)	凉，凉快，寒凉
취하다(取--)	(他动)	取，拿；采取，采用
큰일	(名)	（婚丧嫁娶寿辰等）大事
점점(漸漸)	(副)	渐渐；越来越……
사라지다	(自动)	消失
주택(住宅)	(名)	住宅，独体住宅
친환경(親環境)	(名)	环保
보완(補完)	(名)	补充，完善，弥补
견고하다(堅固--)	(形)	坚固，坚实

제 2 과 집이 남향이라 따뜻하고 밝아요

 문법 설명

1. -ㄴ/은/는데도 불구하고: 관용 표현

용언의 어간에 붙어 앞의 상태나 상황과 다른 결과나 사실이 뒤에 이어짐을 나타낸다.

예문:

(1) 그리고 이 집이 원룸인데도 불구하고 베란다까지 있어서 공간 활용이 참 좋아요.

而且这套房虽然是开间，但有阳台，空间使用率很高。

(2) 매일 한국어를 열심히 공부하는데도 불구하고 왜 말하기 실력은 향상되지 않을까요?

每天都很用心地学习韩国语，可是为什么口语水平还是没有提高呢？

(3) 이 스마트폰은 가격이 비싼데도 불구하고 판매량이 계속 증가하고 있다.

尽管这款手机的价格很贵，但销量还在持续增加。

(4) 김지성은 신체 조건, 가정 형편 등 여러 조건이 좋지 않은데도 불구하고 축구선수로 성공했다.

金智星的身体条件、家境等各方面条件都不太好，但还是成为了一名成功的足球运动员。

(5) 병원에 다녀왔는데도 불구하고 열이 계속 안 떨어지네요.

去了一趟医院，可回来还是没有退烧。

2. -아/어/여 놓다: 관용 표현

동사의 어간에 붙어 어떤 행위를 끝내고 그 상태를 유지함을 나타낸다.

예문:

(1) 학생이 원하면 냉장고하고 책상은 새로 사 놓을게요.

如果你需要，我可以帮你把冰箱和桌子买回来。

(2) 수미는 방을 깨끗이 청소해 놓고 백화점에 엄마 생신 선물을 사러 갔다.

秀美把房间打扫干净后去百货商店给妈妈买生日礼物了。

(3) 어머니는 냉장고에 밑반찬을 넉넉히 만들어 놓고 출장을 떠났다.

妈妈做好小菜放到冰箱后，就出差去了。

(4) 교수님은 학생들과 같이 찍은 사진을 액자에 넣어 연구실에 걸어 놓았다.

教授把跟学生一起拍的照片都裱进相框后，挂在了办公室。

(5) 그는 모의고사에서 틀린 문제들을 오답노트에 따로 정리해 놓았다.

他把模拟考试中做错的题都整理到错题本上了。

3. 에(7): 조사

체언의 뒤에 붙어 앞의 말에 다른 내용이 더해짐을 나타낸다.

예문:

(1) 보증금 500만 원에 월세 50만 원이에요.

在500万韩元保证金的基础上，月租是50万韩元。

(2) 3에 6을 더하면 9가 된다.

3加6等于9。

(3) 가게가 작은데도 불구하고 멜론에 망고에 아보카도에 정말 없는 게 없네요.

店虽小，但哈密瓜、芒果、牛油果等什么都有。

(4) 생일 선물로 꽃에, 케이크에, 향수에 이것저것 많이 받았어요.

生日的时候收到了花、蛋糕、香水等各种各样的礼物。

(5) 산산 씨는 저녁에 추울까 봐 후드티에 코트까지 입고 나왔다.

珊珊怕晚上冷，出来的时候帽衫外面还穿了一件外套。

4. 가/이 아니라: 관용 표현

체언의 뒤에 붙어 앞 내용을 부정하며 대조적으로 뒤 내용을 강조함을 나타낸다. 관용 표현 '가/이 아니라'는 '가/이 아니다'에 앞 내용을 부정하여 뒤 내용과 대립됨을 나타내는 연결어미 '-라'가 결합된 형태이다.

예문:

(1) 한옥은 한국의 전통가옥으로 단순히 먹고 자고 쉬는 '집'이 아니라 한국인들의 역사와 소중한 전통들이 그대로 보존되어 있는 한국문화의 핵심 중의 하나이다.

韩屋是韩国的传统房屋，不仅仅是用于吃住和休息的房子，也是韩国文化的重要代表之一，完好地保存了韩国的历史和珍贵的传统。

(2) 역사 공부는 암기하는 것이 아니라 이해하는 것이다.

学习历史不是要去背诵，而是要去理解。

(3) 이 일은 혼자 할 일이 아니라 다 같이 해야 할 일이다.

这件事情不能自己办，要齐心协力来完成。

(4) 그녀는 발레계의 세계적 스타가 아니라 이웃집 언니 같았다.

她看起来不像芭蕾界的世界明星，而是一个邻家姐姐。

(5) 선생님께서는 "화는 참는 것이 아니라 버리는 것이다."라고 말씀하셨다.

老师说，火气要排解，而非忍。

5. 에 따라(서): 관용 표현

체언의 뒤에 붙어 어떤 상황이나 기준에 의거함을 나타낸다.

예문:

(1) 대청마루는 상황에 따라 다양하게 활용되기도 했는데 여름에는 서늘한 나무 바닥에서 식사를 하거나 휴식을 취하며, 집안에 큰일이 있을 때에는 여기에서 음식을 준비하기도 하였다.

大厅廊台可以按照各种情况用于不同目的，如夏天可以坐在凉爽的木地板上吃饭或休息，家里操办大事的时候，还可以在这里准备食物。

(2) 한국은 지역에 따라서 전통 풍습이 조금씩 다르다.

韩国传统习俗依据不同地方存在些许差异。

(3) 한국 지하철은 거리와 환승 횟수에 따라서 요금이 다르다.

韩国地铁根据距离的远近和换乘次数计算费用。

(4) 친구들과 비교하지 말고 용돈은 형편에 따라 써야 한다.

零花钱不要跟朋友攀比，要根据自己的情况来使用。

(5) 모든 일은 원칙과 규정에 따라 처리해야 한다.

　　所有的事情都要按原则和规定处理。

 연습문제

★ **인터넷 사전에서 다음 표현을 찾아 그 의미와 활용을 익혀봅시다.**

대기하다	줄을 서다	번역자	연속
치열하다	세월이 흐르다	산천	싹
돋아나다	습관	내버려 두다	큰일나다
고가도로	철거하다	시야가 트이다	배산임수
미역	몰아치다	매섭다	충고

1. 새로 배운 조사나 어미로 주어진 단어를 활용하여 괄호 안에 써 넣으십시오.

  1) 유명한 음식점이라서 그런지 이른 (　　　) 벌써부터 대기하고 있는 사람들이 많다. (시간)

  2) 잡채는 미리 (　　　) 맛이 없어요. (만들다)

  3) 요즘은 (　　　) 회사 일까지 겹쳐서 정신없이 바빠요. (집안일)

  4) 인생은 (　　　) 선택의 연속이다. (방황이다)

  5) 번역 작품은 (　　　) 결과물이 다를 수 있다. (번역자)

2. 괄호 안에 알맞은 단어나 표현을 써 넣으십시오.

| 새로 | 그대로 | 함부로 | 점점 | 여전히 |

1) 사회가 발전함에 따라서 경쟁도 (   ) 더 치열해 지고 있다.

2) 세월이 많이 흘렀지만 고향의 산천은 (   ) 아름답다.

3) 겨울이 가고 봄이 오면 나무에는 (   ) 싹이 돋아난다.

4) 아무리 잘난 사람도 다른 사람을 (   ) 대해서는 안 된다.

5) 나쁜 습관을 고치지 않고 (   ) 내버려 두면 나중에 큰일난다.

3. 주어진 단어를 순서대로 사용하여 문장을 만드십시오.

1) 아파트 앞 고가도로 철거하다 시야 확 트이다 좋다

→ _____

2) 폭설 오다 다음 날 주택가 길거리 쌓이다 눈 치우다 바쁘다

→ _____

3) 주말 운동 삼다 백운산 등산 다녀오다

→ _____

4) 학생 기숙사 태양 에너지 온수기 물 데우다 온수 사용 문제 해결하다

→ _____

제 2 과   집이 남향이라 따뜻하고 밝아요

4. 아래의 문장에서 틀린 곳을 찾아 고치십시오.

1) 아까 밥을 많이 먹어 놓고 배고프지 않습니다.

2) 건물 앞이 트여 두어서 전망도 괜찮은 편이에요.

3) 집을 보러 올 겸 오늘 바로 계약하자.

4) 세입자가 자기가 쓰던 냉장고를 가져와서 원래 있은 냉장고를 치워 버렸어요.

5. 같이 이야기해 봅시다.

1) 중국 대학생들의 주거 형태에 대해 이야기해 봅시다.

2) 여러분은 집을 구할 때 어떤 점을 가장 중요하게 생각합니까?

3) 한국과 중국의 전통가옥의 특징에 대해 이야기해 봅시다.

4) 배산임수(背山臨水)의 뜻을 한국어로 설명해 봅시다.

6. 새로 배운 문법을 활용하여 다음 문장을 완성하십시오.

1) 가: 제일 먼저 뭘 해야 돼요?

   나: 우선 간장하고 마늘, 파로 _____.

2) 가: 끓는 물에 바로 미역을 넣어도 되나요?

   나: 안 돼요. 마른 미역을 먼저 물에 10분 동안 _____.

3) 전기요금은 _____따라 _____.

4) _____ 아니라 기숙사에서 살고 있어요.

5) 요즘은 과제에 _____ 매우 바쁘다.

6) _____ 눈까지 몰아치면서 매서운 추위가 시작되었다.

7) 다른 가게에 비해 물건값이 저렴해서 그런지 _____
   불구하고 _____.

8) 여성과 남성의 지적 능력에 차이가 없다는 과학적인 결과에도 불구하고 _____.

7. 다음 문장을 한국어로 번역하십시오.

1) 晚饭已经做好了，你什么时候回家？

2) 悲观并不是性格，而是对人生的态度。

3) 按照说明书安装的，但不知道为什么不亮灯（启动不了）。

4) 虽然报告已经完成了，但不知道部长会不会满意。

5) 我父亲每天都运动，即便年过六十，身体依然非常健康。

6) 我们公司的产品质量好，即便价格比较贵，销售量还是比较高的。

8. 다음을 중국어로 번역하십시오.

　　한옥, 한복 등 한국의 전통문화에 대한 사람들의 관심이 높아지고 있다. 경복궁, 창덕궁 주변은 한복을 입은 사람들로 북적이고 전주와 서울 북촌의 한옥마을은 이미 한국의 대표적인 여행지로 널리 알려져 있다. 이와 함께 한옥 체험에 대한 관심도 증가하는 추세이다. 은은한 나무 향이 나는 툇마루에 앉아 돌담 너머로 마을 풍경을 감상하거나 대청마루에 앉아 차 한 잔을 마시며 오붓하게 담소를 나누는 여유를 즐길 수 있다. 특히 뜨끈한 황토방 아랫목에서 하룻밤을 자고 나면 소박하고 고즈넉한 한옥의 아름다움과 편안함을 충분히 느낄 수 있다. 또한 한옥에서는 그 지역 제철 음식으로 만든 한정식을 맛볼 수도 있고 한국의 미술과 악기, 놀이 등 전통문화를 체험할 수도 있어 한옥 체험은 한국문화를 체험하고 싶은 여행자에게는 안성맞춤이다.

9. 다음 문법을 사용하여 문장을 만드십시오.

1) -ㄴ/은/는데도 불구하고
2) -아/어/여 놓다
3) 에(7)
4) 가/이 아니라
5) 에 따라(서)

10. 다음 요구에 따라 글을 쓰십시오.

다음 내용을 참고하여 소피아가 룸메이트를 구하는 글을 써 보십시오.

- ■ 신축 건물
- ■ 버스정류장 근처, 지하철 역에서 20분 거리
- ■ 한 달에 25만 원 (관리비 포함)
- ■ 가스 및 전기요금 별도
- ■ ○○학교 학생 우선 고려

보충단어

판매량(販賣量)	（名）	销售额，销售量
깨끗이	（副）	干净地，洁净地，干干净净地，整齐地
넉넉히	（副）	足，充足地，足够地，充分地
출장(出張)	（名）	出差
공식(公式)	（名）	公式
오답노트	（名）	纠错本
모의시험	（名）	模拟考试
겹치다	（自动）	（事情）同时发生，重合，赶在一块，碰在一起，再加上
정신없이	（副）	精神恍惚，糊里糊涂，失魂落魄，手忙脚乱
코트(coat)	（名）	大衣，外套
후드티(hood T-shirt)	（名）	带帽T恤衫
멜론(melon)	（名）	白兰瓜，甜瓜，香瓜，哈密瓜
망고(mango)	（名）	芒果
아보카도(avocado)	（名）	酪梨，牛油果
암기(暗記)	（名）	背诵
풍습(風習)	（名）	风俗，习俗，习惯
횟수(回數)	（名）	回数，次数，遍数
발레(ballet)	（名）	芭蕾，芭蕾舞

제 2 과   집이 남향이라 따뜻하고 밝아요

스타(star)	（名）	明星；名演员；名选手
이웃집	（名）	邻居，邻家
화(火)	（名）	火气，怒气
참다	（他动）	忍住，忍受，容忍
지역(地域)	（名）	地域，地区，区域
차수(次數)	（名）	次数
형편(形便)	（名）	形势，情况；境况，生活状况
비교하다(比較--)	（他动）	比较，相比，比拟
원칙(原則)	（名）	原则
진행하다(進行--)	（自动/他动）	进行，展开

분류단어

전세(傳貰)	全租
월세(月貰)	月租
보증금(保證金)	保证金，押金
관리비(管理費)	物业费
다세대주택(多世帶住宅)	多住户住宅
단독주택(單獨住宅)	独栋住宅
오피스텔(officetel)	公寓
원룸(one room)	开间
한옥(韓屋)	韩屋
기와집	瓦房

초가집(草家-)	草房，茅草屋
베란다(veranda)	阳台
옥상(屋上)	屋顶
거실(居室)	客厅
현관(玄關)	玄关
화장실/욕실(化粧室/浴室)	洗手间/浴室
채광(採光)	采光
옵션(option)	配备
풀옵션(full option)	家私家电齐全
집주인(-主人)	房东，业主
세입자(貰入者)	租客
부동산(不動産)	房地产，不动产
공인중개사(公認仲介士)	房屋中介
중개수수료(仲介手數料)	房屋中介费
재계약(再契約)	续约
편의시설(便宜施設)	配套设施
인터넷을 개통하다	开通网络
공과금(公課金)	公共事业性缴费
전기요금(電氣料金)	电费
수도요금(水道料金)	水费
가스요금(gas 料金)	燃气费
인터넷요금(internet 料金)	宽带费
난방비(煖房費)	供暖费，暖气费

제 2 과　집이 남향이라 따뜻하고 밝아요

보일러(boiler)	暖炉，热水器
정산(精算)	结算
이삿짐센터	搬家公司
포장이사(包裝移徙)	打包搬家
이사떡(移徙-)	（搬家时馈赠新邻居的）糕点

제 3 과
집들이 선물로 휴지하고 세제를 사 가요

语法概要：

보고	-구나/는구나
-롭다	-라고/으라고
-기에(는)	야말로/이야말로

1)

김혜진: 소피아가 얼마 전에 이사를 했는데 이번 주말에 집들이를 한다고 우리보고 놀러 오래.

왕산산: 그래? 그럼 우리 집들이 선물로 뭘 좀 사 가야 되잖아?

김혜진: 소피아 집 근처에 큰 마트가 있으니까 우리 거기서 휴지하고 세제를 사 가자.

왕산산: 휴지하고 세제는 왜?

김혜진: 아, 한국에서 집들이 선물로 휴지하고 세제를 사 가는 줄 몰랐구나.

왕산산: 응, 나 오늘 처음 들었어.

제 3 과   집들이 선물로 휴지하고 세제를 사 가요

김혜진: 휴지는 새로 이사 간 집에서 모든 일이 순조롭게 잘 풀리라고 선물하는 거고 세제는 거품이 일어나는 것처럼 빨리 부자가 되라고 선물하는 거야.

왕산산: 와, 정말 재미있네. 중국에서는 그냥 돈을 주거나 그 집에 필요한 걸 사 가. 그런데 시계는 선물하면 절대 안 돼.

김혜진: 왜 시계는 안 되는데?

왕산산: 시계를 선물한다는 말을 중국어로 '쏭중(送鐘)'이라고 하는데 이 말은 중국어에서 죽음을 뜻하는 '쏭중(送終)'이라는 말과 발음이 같거든.

김혜진: 아, 그렇구나. 한국에서는 시계를 많이 선물해서 너희들 졸업 선물로 시계를 사 주려고 했는데 하마터면 큰 실수할 뻔했네!

(소피아 집에서)

소피아: 어서 들어와. 집이 좀 좁지?

왕산산: 아니. 혼자 살기에는 딱 좋은데. 집이 깔끔하고 아담한 게 너무 좋아. 학교에서도 멀지 않고.

김혜진: 소피아, 이건 집들이 선물!

왕산산: 혜진이가 한국에서 집들이에 갈 때는 세제하고 휴지를 선물한다고 해서 사 왔어.

소피아: 그냥 와도 되는데 고마워. 잘 쓸게. 혜진이 덕분에 마음에 쏙 드는 집도 구하고 이사도 잘 마쳤어.

김혜진: 네가 마음에 든다니 나도 기분 좋네.

2) 가장 좋은 선물

선물을 주고받는 것은 즐거운 일이지만 조금만 더 신경을 쓰면 더 기분 좋게 마음까지 주고받을 수 있다. 마음이 담긴 선물은 가격이 조금 싸도 받는 사람을 행복하게 할 수 있기 때문에 받는 사람에게 필요한 것이나 취향을 잘 생각해서 선물을 준비하도록 해야 한다. 정성껏 준비한 선물은 가격만 비싼, 성의 없는 선물보다 받는 사람을 훨씬 더 기분 좋게 한다. 즉 작은 선물이라도 주는 사람의 정성이 담기면 빛이 나지만 그렇지 않으면 아무리 비싼 선물이라도 그 빛을 잃게 된다.

그리고 선물은 주는 사람뿐만 아니라 받는 사람도 즐거워야 한다. 만약 선물이 지나치게 비싸면 받는 사람이 부담을 느낄 수 있다. 이를테면 뜻밖에 비싼 선물을 받게 되면 이렇게 비싼 선물을 한 의도가 무엇인지, 혹시 무슨 어려운 부탁이라도 하려고 하는 것은 아닌지, 아니면 나도 다음에 상대방에게 그 정도의 선물을 해야 하는 것은 아닌지 등의 여러 가지 생각을 하게 된다. 그래서 선물은 주는 사람도 받는 사람도 부담이 없는 정도가 적절하다.

이런 의미에서 볼 때 상대방을 고려한 정성을 담은 선물이야말로 진정한 선물이라고 할 수 있다. 예를 들면 명절이나 기념일에 추억이 담긴 사진들을 모아 앨범이나 동영상을 만들거나 혹은 따뜻한 말을 담은 카드나 편지를 써서 선물하면 값비싼 선물이나 성의 없이 의무적으로 하는 선물보다 더 깊은 감동과 설렘을 줄 수 있다. 이러한 진정한 선물은 세상의 그 무엇과도 바꿀 수 없는 소중하고 아름다운 추억으로 남을 뿐만 아니라 물건의 가치와 의미를 넘어 서로 간의 관계도 더욱 원활하게 할 수 있다.

제 3 과 집들이 선물로 휴지하고 세제를 사 가요

새 단어

집들이	(名)	乔迁宴
휴지(休紙)	(名)	手纸，纸巾，卫生纸
세제(洗劑)	(名)	洗衣粉，洗涤剂
순조롭다(順調--)	(形)	顺利，顺当
(일이) 풀리다	(被动)	（"풀다"的被动形态）（事情）顺利解决
거품	(名)	气泡，泡沫
일다	(自动)	起，发，长
뜻하다	(他动)	意味，表示，指
하마터면	(副)	差点，差一点儿，险些
실수(失手)	(名)	错误，失误
딱	(副)	正好
깔끔하다	(形)	干净，利索
아담하다(雅淡--)	(形)	淡雅，清雅，高雅
쏙	(副)	深深地，十分；一下子
구하다(救--)	(他动)	找，求，寻找；救，救出
마치다	(他动)	结束，完成
취향(趣向)	(名)	取向，志趣，喜好
담기다	(被动)	（"담다"的被动形态）盛，装；包含，含
아무리	(副)	多么，再；无论，不管

지나치다	（形）	过分，过度，过于
이를테면	（副）	例如，比如说；就是说，换句话说
뜻밖에	（副）	意外地，出乎意料地
의도(意圖)	（名）	意图，意向
부탁(付託)	（名）	委托，请求
상대방(相對方)	（名）	对方
고려하다(考慮--)	（他动）	考虑，斟酌
진정하다(眞正--)	（形）	真正的
의무(義務)	（名）	义务
설렘	（名）	激动，心动
넘다	（自动/他动）	超过，超出，越过
원활하다(圓滑--)	（形）	进展顺利，圆满，顺畅

 문법 설명

1. 보고: 조사

사람을 나타내는 명사의 뒤에 붙어 어떤 행동이 미치는 대상임을 나타낸다. 주로 구어체에서 쓰인다.

예문:

(1) 소피아가 얼마 전에 이사를 했는데 이번 주말에 집들이를 한다고 우리보고 놀러 오래.

索菲亚不久前刚搬了家，说是这周末办乔迁宴，让我们去玩。

제 3 과 집들이 선물로 휴지하고 세제를 사 가요

(2) 교류처 선생님이 저보고 유학생 대표로 회의에 참가하라고 하셨어요.

交流处的老师让我以留学生代表的身份参加会议。

(3) 수미는 나보고 주말에 같이 쇼핑을 하자고 했다.

秀美叫我周末一起去购物。

(4) 부장님이 이번 프로젝트는 우리 팀보고 맡으라네요.

部长说这次的项目让我们组负责。

(5) 어머니는 나보고 택배를 받으라고 했다.

妈妈叫我去收快递。

2. -구나/는구나: 종결어미

용언의 뒤에 붙어 새롭게 알게 된 사실에 대해 어떤 느낌을 실어 다른 사람에게 말하거나 혼잣말처럼 할 때 쓰인다.

예문:

(1) 아, 한국에서 집들이 선물로 휴지하고 세제를 사 가는 줄 몰랐구나.

哦，原来你不知道在韩国把卷纸和洗涤剂送作乔迁之礼啊。

(2) 서울에는 아직도 옛날 건물들이 많구나.

首尔还是有很多古建筑啊。

(3) 학교 캠퍼스가 정말 크구나. 유학생도 많고.

校园真大啊，留学生也很多。

(4) 내일이 개교기념일이구나. 개교기념일에는 보통 어떤 행사를 해?

原来明天是校庆啊，校庆通常会办什么活动呢?

(5) 외국인인데도 한국에 오래 살아서 그런지 매운 것을 잘 먹는구나.

虽然是外国人，却很能吃辣啊，可能在韩国住久了吧。

(6) 요즘은 학기 초라 많이 바쁘겠구나. 좀 한가해지면 그때 만나자.

最近刚开学很忙吧，等有空了再约吧。

3. -롭다: 접미사

형용사를 만드는 접미사이다. 모음으로 끝나는 일부 명사 뒤에 붙어 '그러하다' 또는 '그럴 만하다'의 뜻을 더해준다.

예문:

(1) 휴지는 새로 이사 간 집에서 모든 일이 순조롭게 잘 풀리라고 선물하는 거고 세제는 거품이 일어나는 것처럼 빨리 부자가 되라고 선물하는 거야.

送卷纸寓意在新房子里一切顺顺利利，送洗涤剂寓意财富像起泡泡一样快速膨胀。

(2) 이번 답사를 통해 우리는 신비로운 이 동굴의 비밀을 꼭 찾아낼 것이다.

我们一定要通过这次考察找出这个神秘洞穴的秘密。

(3) 캠퍼스 곳곳에 핀 계화꽃이 정말 향기롭다.

桂花开满了整个校园，香气扑鼻。

(4) 전염병이 빨리 끝나서 해외여행을 자유롭게 다닐 수 있었으면 좋겠다.

希望疫情尽早结束，可以自由地去国外旅行。

제 3 과 집들이 선물로 휴지하고 세제를 사 가요

(5) 위태로운 상황일수록 더욱 침착하게 대처해야 한다.

越是危急的关头，越是要沉着应对。

4. -라고/으라고: 연결어미

동사의 어간 또는 선어말어미 '-(으)시-'의 뒤에 붙어 앞 절이 뒤 절의 내용에 대한 목적임을 나타낸다.

예문:

(1) 휴지는 새로 이사 간 집에서 모든 일이 순조롭게 잘 풀리라고 선물하는 거고 세제는 거품이 일어나는 것처럼 빨리 부자가 되라고 선물하는 거야.

送卷纸寓意在新房子里一切顺顺利利，送洗涤剂寓意财富像起泡泡一样快速膨胀。

(2) 소풍 때 어머니께서는 친구들과 나눠 먹으라고 반찬을 많이 싸 주셨다.

郊游的时候，妈妈给我带了很多菜，让我跟朋友们分享。

(3) 주말에 푹 쉬시라고 아버지 휴대폰 알람을 몰래 꺼 놓았다.

（我）悄悄把爸爸手机的闹钟给关掉了，让他周末可以睡个好觉。

(4) 나는 젊어 보이시라고 할아버지께 밝은색 옷을 선물했다.

我送给爷爷一件亮色的衣服，让他看起来年轻一些。

(5) 대학에 진학해서 공부를 열심히 하라고 아버지가 노트북을 사 주셨다.

爸爸给我买了笔记本电脑，让我上大学好好念书。

5. -기에(는): 관용 표현

용언의 어간에 붙어 기준을 나타낸다. 관용 표현 '-기에'는 명사형 어미 '-기'에 조사 '에'가 붙은 형태로 강조를 나타내는 보조사 '는'을 붙여 쓸 수도 있다.

예문:

(1) 혼자 살기에는 딱 좋은데. 집이 깔끔하고 아담한 게 너무 좋아.

一个人住正合适，房间干净、大小适宜，我很喜欢。

(2) 가격은 모르겠지만 원피스가 보기에는 깔끔하고 예쁘네요.

虽然不知道价格，但这条连衣裙看起来利落又漂亮。

(3) 이 피자는 두 사람이 먹기에는 양이 너무 많아요.

这个比萨饼两个人吃太大了。

(4) 어제 본 뮤지컬은 유학생이 이해하기에는 좀 어려운 것 같았어요.

昨天看的音乐剧对外国人来说有点难理解。

(5) 집 앞이 바로 큰 도로라서 아이들이 놀기에는 위험하다.

房子前面就是马路，孩子在这里玩太危险了。

6. 야말로/이야말로: 보조사

체언의 뒤에 붙어 강조하여 확인하는 뜻을 나타낸다.

예문:

(1) 이런 의미에서 볼 때 상대방을 고려한 정성을 담은 선물이야말로 진정한 선물이라고 할 수 있다.

从这个角度来说，为对方考虑、充满诚意的礼物才是真正的礼物。

제 3 과 집들이 선물로 휴지하고 세제를 사 가요

(2) 부모님이야말로 나를 가장 잘 알고 믿어 주는 사람이다.

父母才是最了解我、信任我的人。

(3) 미술 선생님은 레오나르도 다빈치의 <모나리자>야말로 최고의 예술품이라고 하셨다.

美术老师说列奥纳多·达·芬奇的画作《蒙娜丽莎》才是最伟大的艺术品。

(4) 올림픽이야말로 지구촌의 제일 성대한 스포츠 축제이다.

奥运会才是地球村最盛大的体育赛事。

(5) 「아리랑」이야말로 한국을 대표하는 노래이다.

《阿里郎》才是最有代表性的韩国歌谣。

연습문제

★ 인터넷 사전에서 다음 표현을 찾아 그 의미와 활용을 익혀 봅시다.

대체	깨우치다	헛디디다	한눈에 들어오다
소용이 없다	아담하다	지나치다	당하다
덜다	미니멀라이프	워낙	보금자리
매장	냄새가 풍기다	따위	덩달아
유통	강세를 보이다	부활	지인

1. 새로 배운 조사나 어미로 주어진 단어를 활용하여 괄호 안에 써 넣으십시오.

1) 그 말은 대체 (   ) 하는 거야? (누구)

2) 키가 (　　　　　　) 굽이 높은 신발을 신었다. (커 보이다)

3) 잘못을 (　　　　　　) 이미 너무 늦어버렸어요. (돌이키다)

4) 스스로 배우고 깨우치는 (　　　　　) 진정한 깨달음이다. (것)

5) (　　　　　　)! 빨리 와서 밥부터 먹어라. (늦다)

2. 괄호 안에 알맞은 단어나 표현을 써 넣으십시오.

| 하마터면 | 그냥 | 딱 | 쏙 | 아무리 | 이를테면 |

1) 핸드폰을 보면서 걷다가 발을 헛디뎌서 (　　　) 넘어질 뻔했다.

2) 방법을 생각해서 문제를 해결해야지 하루 종일 (　　　　) 울고 있으면 어떡하니?

3) 살다 보면 어른들의 말씀이 (　　　　) 맞다는 생각을 자주 하게 될 것이다.

4) 정리정돈을 잘해 놓아서 찾으려는 물건이 한눈에 (　　　　) 들어온다.

5) (　　　　) 돈이 많아도 돈을 잘 쓸 줄 모르면 소용이 없다.

6) 너무 산골이라 대중교통 수단, (　　　　) 버스 같은 것도 없다.

3. 주어진 단어를 순서대로 사용하여 문장을 만드십시오.

1) 서양인　동양인　체형　아담하다

→ _____

2) 욕심　지나치다　크다　화　당하다

→ _____

3) 부모님 부담 덜어 드리다 아르바이트 하다 혼자서 학비 마련하다

→ _____

4) 사람 때 장소 맞다 말하다 행동하다

→ _____

5) 문제 잘 풀리다 날 일 힘들다 신나다

→ _____

6) 미니멀라이프 물건 정리하나 추억 담기디 물건 버리다

→ _____

4. 아래의 문장에서 틀린 곳을 찾아 고치십시오.

1) 현우가 혜진이보고 진실을 말해라.

2) 원룸인데도 집이 생각보다 넓는구나.

3) 그 사람은 말이야말로 잘하지.

4) 나는 도서관에 있구나.

5) 어머니는 친구들과 같이 먹을 거라고 음식을 많이 싸 주셨다.

5. 같이 이야기해 봅시다.

1) 한국과 중국의 선물 문화에 대해 비교해 봅시다.

2) 중국의 집들이 선물에 대해 소개해 봅시다.

3) 가장 기억에 남는 선물에 대해 이야기해 봅시다.

6. 새로 배운 문법을 활용하여 다음 문장을 완성하십시오.

1) 가: 이 옷 어때요? 오늘 영화 보러 갈 때 입을 건데 괜찮아요?

   나: 예쁘기는 한데 _____ 추울 것 같아요.

2) 독서야말로 _____.

3) 네가 해야 할 일을 _____면 어떡하니?

4) 아이가 워낙 _____ 하나를 가르치면 열을 알았다.

5) 식구 다섯 명이 _____ 방이 너무 좁지 않아요?

6) 매장에 들어서니 _____ 냄새가 풍겨 기분이 좋았다.

7) _____라고 설거지까지 내가 다 했는데 이러면 안 되지.

7. 다음 문장을 한국어로 번역하십시오.

1) 都是我的错，还能怨谁呢？

2) 衣服确实是很漂亮，但对我来说太贵了。

3) 孩子们才是我们国家的未来、民族的希望。

4) 最近很多妈妈为了让孩子健康成长，会让他们每天喝牛奶。

5) 现在就是我们成长的最好机会。

6) 登上南山塔一看，首尔尽收眼底！

제 3 과   집들이 선물로 휴지하고 세제를 사 가요

8. 다음을 중국어로 번역하십시오.

배달 문화가 보편화되면서 음식 준비의 부담이 줄고 집이 식당보다 방역에 안전하다는 인식이 퍼지면서 집들이가 다시 인기를 끌고 있다. 기존 집들이가 결혼이나 이사 등으로 새집을 장만했을 때 지인을 초대하는 것을 뜻했다면, 최근에는 언제든 초대하고 초대받는 홈파티로 여겨진다. 덩달아 유통가에서는 집들이 선물과 홈 인테리어용품 판매가 강세를 보인다. ○○백화점의 경우 와인 매출이 지난해 같은 기간보다 39% 증가했고 인테리어 용품은 20%, 홈패션은 12% 늘었다고 한다. 전문가들은 이 같은 집들이 문화의 부활을 라이프 스타일 변화로 설명한다. 1인가구 급증 속에 자신의 보금자리인 집을 중시하고, 과시하고 싶은 젊은 세대의 인식 변화 역시 집들이 흐름에 한몫하고 있다.

9. 다음 문법을 사용하여 문장을 만드십시오.

1) 보고
2) -구나/는구나
3) -롭다
4) -라고/으라고
5) -기에(는)
6) 야말로/이야말로

10. 다음 요구에 따라 글을 쓰십시오.

요즘 다른 사람들과 어울리기보다 자신만의 여가 생활을 즐기는

'나홀로족'이 크게 늘어나고 있습니다. 최근 설문조사에 따르면 직장인 2명 중 1명이 자신을 '나홀로족'이라고 생각하는 것으로 나타났다고 합니다. 아래 내용을 중심으로 '나홀로족'에 대한 자신의 견해를 써 보십시오.

    1) '나홀로족'이 늘어난 이유
    2) '나홀로족'의 특징
    3) '나홀로족'에 대한 나의 견해

보충단어

리포트(report)	(名)	论文，研究报告
프로젝트(project)	(名)	研究计划，研究项目，研究课题
맡다	(他动)	担任，担当，负责
순조롭다(順調--)	(形)	顺利，顺当，一帆风顺
신비롭다(神秘--)	(形)	神奇的，神秘的，玄妙的
동굴(洞窟)	(名)	洞窟
계화꽃	(名)	桂花
향기롭다(香氣--)	(形)	芬芳，芳香，馨香
위태롭다(危殆--)	(形)	危险，危急
침착하다(沈着--)	(形)	沉着，沉稳；稳重，不慌不忙
대처하다(對處--)	(自动/他动)	对付，应付，应对，处理
소풍(逍風)	(名)	散步，兜风；野游，郊游

제 3 과   집들이 선물로 휴지하고 세제를 사 가요

나누다	（他动）	(把一个整体)分，分开，分成，分为
뮤지컬(musical)	（名）	音乐剧，音乐歌剧
미처	（副）	事前，来不及
푹	（副）	熟，酣，透
알람(alarm)	（名）	闹钟，闹铃
몰래	（副）	暗中，偷偷地
목록(目錄)	（名）	目录，索引，检索，清单
위험하다(危險--)	（形）	危险，危急
(빛이) 나다	（自动）	发（光）
성대하다(盛大--)	（形）	盛大
성원(聲援)	（名）	声援，鼓励，鼓舞

분류단어

동네	邻里，社区
이웃사촌	邻居，近邻
룸메이트(roommate)	室友
놀이터	儿童游乐区
경비실(警備室)	保安室，警卫室
관리사무소(管理事務所)	物业管理处
지역주민(地域住民)	社区居民
옆집/앞집	隔壁/对门

복도(複道)	走廊
층간소음(層間騷音)	层间噪音
에티켓(Etiquette)	文明，礼仪
골목	胡同
담	围墙
대문(大門)	大门
동네 가게	住宅商店
청소기를 돌리다	吸尘，除尘
바닥을 닦다	擦地
커튼을 달다	挂窗帘
벽지를 바르다	贴壁纸，贴墙纸
변기(便器)	便器，马桶
배수구(排水口)	排水口
싱크대(sink臺)	洗碗盆
물이 새다	漏水
벽지가 찢어지다	墙纸起皮，墙纸破损
가전제품(家電製品)	家电
냉장고(冷藏庫)	冰箱
공기 청정기(空氣淸淨器)	空气净化器
에어컨(aircon)	空调
선풍기(扇風機)	风扇
세탁기(洗濯機)	洗衣机

제 3 과 집들이 선물로 휴지하고 세제를 사 가요

전자레인지(電磁 range)   微波炉

난방기(煖房機)   取暖器

전기밥솥   电饭锅

제 4 과
시작이 반이라고 지금부터 착실하게 준비하면 되지

语法概要:

- -다더니/ㄴ다더니/는다더니/라더니
- -는 길이다
- -ㄴ/은/는 이상
- -면/으면 몰라도
- 따라

1)

왕산산: 혜진아, 오늘 수업 시간에 선생님께서 우리보고 외국인 한글백일장에 참가해 보라고 하셨어.

김혜진: 아, 그래, 맞아. 해마다 10월이면 한글날을 맞아 글쓰기 대회가 열려. 그러잖아도 너희들한테 한번 도전해 보라고 말하려던 참이었어.

왕산산: 솔직히 참가하고 싶기는 하지만 자신은 없어. 그리고 시간도 별로 안 남았고.

김혜진: 너 왜 이렇게 자신감이 없어?

제 4 과   시작이 반이라고 지금부터 착실하게 준비하면 되지

평소에 글 잘 쓴다고 칭찬도 많이 받았잖아.

왕산산: 그렇기는 한데 백일장은 평소 글쓰기와 많이 다르지 않을까? 솔직히 뭘 어떻게 준비해야 될지도 모르겠고.

김혜진: 평소 연습했던 거랑 비슷할 거야. 미리 겁먹지 말고 한번 도전해 봐. 그런데 소피아는? 왜 안 나와?

소피아: 나 여기 왔어.

김혜진: 호랑이도 제 말하면 온다더니 너 양반은 못 되겠다.

소피아: 뭐야? 두 사람 내 얘기하고 있었어?

왕산산: 응, 혜진이도 우리보고 백일장에 나가 보래.

소피아: 에휴, 산산이면 몰라도 난 안 돼. '갈수록 태산'이라더니 요즘엔 한국어 공부가 점점 더 어려워지는 거 같아. 지금도 모르는 게 있어서 선생님께 여쭤보고 나오는 길이야.

왕산산: 나도 요즘에는 좀 그래. 특히 쓰기가 안 늘어.

김혜진: 너희들 오늘따라 왜 이래? 너희들 처음 왔을 때를 생각해 봐. 개구리 올챙이 적 생각 못하고.

소피아: 그래, 맞아. 처음 왔을 때 실수도 참 많이 했지.

김혜진: 난 지금도 소피아가 공항에서 택시 기사님이 "한국에 어떻게 오셨어요?"라고 물었을 때 "비행기 타고 왔어요."라고 대답했다던 말이 생각나. 하하하!

왕산산: 맞아. 나도 실수를 참 많이 했지.

김혜진: 그때랑 비교하면 너희들 모두 일취월장했어. 나하고도 의사소통에 전혀 문제 없잖아. 시작이 반이라고 지금부터 착실하게 준비하면 될 거야.

소피아: 그럼 무엇부터 준비하면 좋을까? 쓰기가 하루 아침에 느는 것도 아니고.

김혜진: 우선 다양한 장르의 글을 많이 보고 괜찮은 표현이 있으면 따로 정리해 둬. 도움이 될 거야.

왕산산: 혹시 작년 백일장에는 어떤 주제가 나왔는지 알 수 있을까?

김혜진: 그럼. 인터넷에 지금까지 나왔던 주제는 물론 수상작들까지 전부 다 나와 있어.

소피아: 알았어. 고마워. 내가 상 받으면 한턱 쏠게.

왕산산: 야, 김칫국부터 마시지 말고 얼른 가서 자료부터 찾아 보자.

김혜진: 그래. 이왕 참가하기로 한 이상 작심삼일하지 말고 준비 잘 해서 꼭 좋은 결과 있길 바랄게. 파이팅!

2) 눈과 관련된 관용 표현

한국어에는 하나 또는 둘 이상의 단어가 모여 원래의 뜻과는 다른 새로운 뜻으로 굳어져 쓰이는 관용 표현이 많다. 예를 들어 관용 표현 '눈이 높다', '눈이 낮다'는 원래 단어의 뜻과는 달리 조건이나 요구가 높거나 낮다는 뜻이다.

한국 사람들은 일상생활에서 이러한 관용 표현을 사용하여 복잡한 상황을 간결하게 표현하거나 하고자 하는 말을 강조한다. 이를테면 무엇이 마음에 들거나 혹은 마음에 들지 않아 미움을 받을 때에는 각각 '눈에 들다', '눈에 나다'라는 표현을 쓴다. 그리고 처음 보고 마음에 들 때에는 '첫눈에 반하다'라는 표현을 쓰며 반면에 재미가 없거나 관심이 없어서 다른 사람을 외면할 때에는 '눈길도 안 주다'라는 표현을 쓴다.

제 4 과 시작이 반이라고 지금부터 착실하게 준비하면 되지

또 다른 사람이 보기에는 보잘것없어도 제 마음에 들어 좋게 보일 때는 '제 눈에 안경'이라는 표현을 쓴다.

그 밖에 그리움이나 기다림을 나타낼 때에는 '눈에 밟히다', '눈이 빠지게 기다리다'라고 하며 과거의 일이 잊혀지지 않고 생생하게 떠오를 때는 '눈에 선하다'라고 한다. 그리고 몹시 화가 날 때에는 '눈에 불을 켜다' 혹은 '눈에 보이는 것이 없다'라는 표현을 사용한다. 그렇지만 상황에 따라 '눈에 불을 켜다'는 어떤 일에 욕심을 내거나 관심을 기울일 때에도 사용하고, '눈에 보이는 것이 없다'는 사리 분별을 못한다는 뜻으로도 쓰인다.

한국어 관용 표현에는 한국 사람들의 독특한 사고는 물론 한국의 역사와 문화가 반영되어 있기 때문에 실제 언어생활에서 관용 표현을 적절하게 사용하면 의사소통을 더 원활하게 할 수 있다.

새 단어

백일장(白日場)	（名）	写作大赛
도전하다(挑戰--)	（自动）	挑战
솔직히(率直-)	（副）	直率，坦率
자신(自信)	（名）	自信
겁먹다(怯--)	（自动）	害怕，畏惧，恐惧，惶恐
여쭈다	（他动）	（向长辈）禀报，禀告，告诉，咨询；请教，问候
개구리	（名）	青蛙，蛙

올챙이	（名）	蝌蚪
일취월장(日就月將)	（名）	日益进步
의사소통(意思疏通)	（名）	沟通，相互理解
착실하다(着實--)	（形）	实在，踏实；充足，充分
장르(genre)	（名）	类型，流派，体裁
따로	（副）	分开，单独；另外，别的
수상작(受賞作)	（名）	获奖作品
이왕(已往)	（名）	既然，既已，已经
작심삼일(作心三日)	（名）	三天打鱼，两天晒网；（比喻）没常性，没有恒心
바라다	（他动）	希望，期望，盼望，期待
모이다	（被动）	聚集，汇集；积累
굳어지다	（自动）	定型，形成
관용 표현(慣用表現)	（名）	惯用型，惯用语
달리	（副）	不同，不一样，有别
간결하다(簡潔--)	（形）	简洁，简练
미움받다	（自动）	讨嫌，讨厌
반면(反面)	（名）	反面；可是，但是
외면하다(外面--)	（他动）	回避，不理睬
보잘것없다	（形）	不值得看，微不足道
눈에 밟히다	（惯用句）	浮现在眼前；记忆犹新；历历在目

잊혀지다	（被动）	被忘记，想不起来，不认识
생생하다(生生--)	（形）	（记忆）犹新，清晰，历历在目，活生生
선하다	（形）	历历在目，犹在眼前
기울이다	（他动）	倾注，倾；花费；贯注
사리(事理)	（名）	理，事理，道理
분별(分别)	（名）	分别，区分；分辨，辨别
독특하다(獨特--)	（形）	独特，特殊，特别
적절하다(適切--)	（形）	适当，合适，适宜

 **문법 설명**

1. -다더니/ㄴ다더니/는다더니/라더니: 관용 표현

용언의 어간이나 '이다', '아니다' 뒤에 붙어 속담이나 격언처럼 잘 알려진 표현을 예로 들면서 그 말이 맞다는 것을 나타낸다. 동시에 말하는 사람이 들어서 알고 있는 사실을 언급하며 그와 관련된 것을 말하거나 그와 다른 반대의 상황을 말할 때 쓴다.

예문:

(1) 호랑이도 제 말 하면 온다더니 너 양반은 못 되겠다.

说曹操，曹操到，看来瞒不过你了。

(2) 먼 사촌보다 가까운 이웃이 낫다더니 이번에 이웃의 도움을 많이 받았습니다.

俗话说，远亲不如近邻，这次得到了邻居的很大帮助。

(3) 자기 전이라 가볍게 먹는다더니 족발에 만두까지 먹었다.

本来还说睡前简单吃一点，结果吃了猪蹄又吃了饺子。

(4) 오늘은 친구가 와서 도와준다더니 바쁜 일이 생겨서 못 온다네요.

今天本来朋友说要来帮忙的，结果有事来不了了。

(5) 저 사람은 유명한 요리사라더니 방송에 나와서 요리법을 소개하네요.

据说那个人是有名的厨师，果然现在上电视了，介绍做菜方法呢。

2. -면/으면 몰라도: 관용 표현

용언의 어간에 붙어 현재의 상태와 반대이거나 일어나지 않은 상황을 가정함을 나타낸다.

예문:

(1) 산산이면 몰라도 나는 아직 백일장에 나갈 실력이 안 돼.

珊珊说不定可以，而我还没到参加写作大赛的水平。

(2) 거리가 멀면 몰라도 식당이 근처니까 산책도 할 겸 걸어 갑시다.

远的话就算了，但餐厅就在附近，走着去就当散步吧。

(3) 체구가 작으면 몰라도 이 2층 침대는 불편할 것 같아요.

体型小可能还行，这高低床好像不是很方便。

(4) 혜진이가 부탁하면 몰라도 이번에는 왕강 씨를 도와줄 생각이 없어.

除非慧珍让我帮，要不然这次我是不会帮王刚的。

(5) 차가 고장 나면 몰라도 아직 새 차로 바꿀 생각이 없다.

除非车出问题了，要不然暂时还不打算换新车。

제 4 과 시작이 반이라고 지금부터 착실하게 준비하면 되지

3. -는 길이다: 관용 표현

주로 동사 '가다'나 '오다' 뒤에 붙어 어떠한 일을 하는 중이라는 뜻을 나타낸다.

예문:

(1) 지금도 모르는 게 있어서 선생님께 여쭤보고 나오는 길이야.

　　我也因为有些不懂的地方去问老师了，刚（从老师办公室）出来呢。

(2) 어머니는 보통 퇴근하는 길에 마트에 들러 장을 본다.

　　妈妈通常都是下班路上去超市买菜。

(3) 이 늦은 시간에 어디 가는 길이에요?

　　这么晚了，去哪儿呢?

(4) 교수님을 만나 뵙고 지금 기숙사로 돌아가는 길이다.

　　刚才见了教授，现在在回宿舍的路上。

(5) 지금 부모님을 뵈러 고향에 가는 길이다.

　　我现在在回家看爸妈的路上。

4. 따라: 보조사

주로 '오늘', '날' 등의 명사에 붙어 특별한 이유가 없이 그 경우에만 공교롭게라는 뜻을 나타낸다.

예문:

(1) 너희들 오늘따라 왜 이래?

　　你们今天这是怎么了?

(2) 오늘따라 집안이 조용하네요.

　　今天家里特别安静。

1)

(3) 이상하게도 그날따라 스팸전화가 많이 왔어요.

很奇怪，那天骚扰电话特别多。

(4) 그날따라 늘 가방에 넣고 다니던 메모장도 보이지 않았다.

偏偏那天，总是放在包里的记事本不见了。

(5) 밤하늘이 오늘따라 유난히 아름답네요.

今晚的夜空尤其美丽。

5. -ㄴ/은/는 이상: 관용 표현

용언의 어간에 붙어 앞 내용이 이미 정해진 사실이거나 확실함의 뜻을 나타낸다.

예문:

(1) 이왕 참가하기로 한 이상 작심삼일하지 말고 준비 잘해서 꼭 좋은 결과 있길 바랄게.

既然参加了，就不要三天打鱼，两天晒网，好好准备，争取取得好成绩。

(2) 유학을 온 이상 여러 곳을 다니면서 다양한 체험을 많이 해 보세요.

既然来留学，就多走走看看，多体验体验。

(3) 자원봉사를 하기로 한 이상 아무리 힘들어도 즐거운 마음으로 해라.

既然决定了要做志愿者，那么再辛苦也要开开心心地去完成。

(4) 노력하지 않는 이상 성공할 수 없습니다.

除非很努力，不可能成功。

(5) 회장을 맡은 이상 최선을 다해 동아리를 잘 꾸려 나가겠습니다.

既然做了会长，我一定会全力以赴，经营好社团。

 연습문제

★ **인터넷 사전에서 다음 표현을 찾아 그 의미와 활용을 익혀봅시다.**

우연히	인산인해	손발이 맞다	보태다
여쭤보다	경기력	일취월장	선언하다
보잘것없다	고장나다	김칫국	버릇
환불하다	둘러싸다	녹아들다	터득하다
자신만만하다	간판	기절초풍	뼈다귀
해장국	맛깔스럽다	혐오스럽다	금치 못하다

1. 새로 배운 조사나 어미로 주어진 단어를 활용하여 괄호 안에 써 넣으십시오.

1) 현우가 이번에는 열심히 (　　　　) 성적이 많이 올랐구나.
   (공부하다)

2) 네가 (　　　　　) 나 혼자서 이 일을 해내기는 어렵다.
   (도와주다)

3) 운동을 하고 집으로 (　　　　) 우연히 친구를 만났다.
   (오다)

4) (　　　　　) 휴일이어서 어디에 가나 인산인해를 이루었다.

(그날)

5) 팀원들과 (　　　　) 이상 프로젝트를 제시간에 완성할 수 없다.
(협력하다)

2. 괄호 안에 알맞은 단어나 표현을 써 넣으십시오.

| 그러잖아도 | 솔직히 | 미리 | 달리 | 별로 |

1) (　　　) 할 일이 많은데 너까지 보태지 말았으면 좋겠구나.

2) 오랫동안 연락이 끊긴 동창들을 만나면 (　　　) 할 말이 없다.

3) 일어나지도 않은 일을 (　　　) 걱정할 필요는 없다.

4) 내가 묻는 말에 (　　　) 대답해 줬으면 좋겠다.

5) 머리 모양 하나 바꿨다고 사람이 (　　　) 보인다.

3. 주어진 단어를 순서대로 사용하여 문장을 만드십시오.

1) 유학 가다 말다 부모님 여쭤보다 결정하다
→ _____

2) 거의 훈련장 살다 경기력 일취월장하다
→ _____

3) 새해 꼭 금연하다 선언하다 작심삼일
→ _____

4) 수입 보잘것없다 저 이 일 좋아하다
→ _____

제 4 과   시작이 반이라고 지금부터 착실하게 준비하면 되지

4. 아래의 문장에서 틀린 곳을 찾아 고치십시오.

1) 내가 열심히 공부해서 꼭 좋은 대학에 가겠다더니 놀기만 하네요.

2) 시내에서 운전을 하는 길에 교통사고를 목격했다.

3) 차가 고장 나면 몰라도 차를 바꾸겠다.

4) 나는 사람에 대한 인상이 별로 좋다.

5. 같이 이야기해 봅시다.

1) 다음 관용 표현의 뜻을 한국어로 설명해 봅시다.

2) 다음 관용 표현과 비슷한 뜻의 중국 관용 표현을 소개해 봅시다.

3) 다음 관용 표현을 사용해 여러분의 경험을 이야기해 봅시다.

> ■ 호랑이도 제 말 하면 온다
> ■ 갈수록 태산
> ■ 개구리 올챙이 적 생각 못한다
> ■ 시작이 반
> ■ 김칫국부터 마신다

6. 새로 배운 문법을 활용하여 다음 문장을 완성하십시오.

1) _____ 음식물 쓰레기 좀 버려 줄래요?

2) 이미 _____ 시간을 미룰 수 없습니다.

3) _____ 상하이에 들러서 구경하려고 해요.

4) _____ 다시 내용을 수정할 수 없습니다.

5) _____ 어떻게 그 선수를 이길 수 있겠어요?

6) _____ 너 아직도 그 버릇 못 고쳤니?

7) _____ 선물로 받은 것을 환불하는 건 좀 그래요.

7. 다음 문장을 한국어로 번역하십시오.

1) 既然已经来了，那就一起听一听吧。

2) 回国的时候能否顺便帮我在免税店买点化妆品？

3) 如果我一个人去派对还可以，带孩子去就有点失礼了。

4) 本来和朋友约好一起吃晚饭的，但偏巧那天事情多，只好往后推了。

5) 如果是父母带着就不说了，否则这么小的孩子怎么可能一个人去国外旅行呢？

8. 다음을 중국어로 번역하십시오.

　　어려움 끝에 한국어를 어느 정도 터득한 한 외국인 젊은이가 드디어 자신감을 가지고 거리에 나섰다. 자신만만한 표정으로 이 간판 저 간판을 읽던 이 젊은이가 그만 어느 간판을 보고 기절초풍했다. '할머니 뼈다귀 해장국', 젊은 외국인은 간판을 보고 '오랜 전통'과 '맛깔스런 할머니의 손맛'이라는 뜻을 이해할 수 없었음은 물론이고 잠시 혐오스러운 음식으로 오해하여 놀라움을 금치 못했을 것이다.

9. 다음 문법을 사용하여 문장을 만드십시오.

1) -다더니/ㄴ다더니/는다더니/라더니

2) -면/으면 몰라도

3) -는 길이다

4) 따라

5) -ㄴ/은/는 이상

10. 다음 요구에 따라 글을 쓰십시오.

1) 신체와 관련된 관용 표현을 찾아 아래 표에 정리하십시오.

신체＼언어	한국어	중국어
코		
귀		
입		
얼굴		
손		
발		
간		
기타		

2) 관용 표현을 사용해 한 편의 글을 쓰십시오.

보충단어

호랑이도 제 말 하면 온다	（俗）	说曹操，曹操到
양반(兩班)	（名）	两班，贵族
먼 사촌보다 가까운 이웃이 낫다	（俗）	远亲不如近邻
족발	（名）	酱猪蹄
만두	（名）	饺子；包子
체구	（名）	躯体；身材
장을 보다	（惯）	上市场，赶集，采购
들르다	（自动/他动）	顺便去
스팸(spam)	（名）	垃圾邮件，骚扰电话
메모장(memo帳)	（名）	记事本，备忘录
유난히	（副）	（言行或状态）特别地，格外地，分外地
이겨내다	（自动/他动）	战胜，克服
다하다	（自动/他动）	竭尽，用尽；倾力，尽力
최선을 다하다	（词组）	竭尽全力，尽力而为
꾸리다	（他动）	经营，打造，组织

제 4 과 시작이 반이라고 지금부터 착실하게 준비하면 되지

분류단어

머리를 식히다	冷静
머리를 맞대다	齐心协力，一起想方设法
귀를 기울이다	倾听，聆听
눈을 붙이다	闭目小憩
눈에 넣어도 아프지 않다	掌上明珠；含在嘴里怕化了，捧在手里怕摔了
발이 넓다	人脉广，交游广泛
발 벗고 나서다	挺身而出，全力以赴
코가 납작해지다	威信扫地
손발이 맞다	合拍
손이 크다	大方
입을 모으다	异口同声
입이 무겁다	嘴严，守口如瓶，沉默寡言
팔을 걷어 붙이다	挺身而出，积极帮助
얼굴이 두껍다	脸皮厚

제 5 과
쑥과 마늘만 먹고 백일 동안 햇빛을 보지 말거라

语法概要：

```
-리라/으리라              -거라
-ㄹ/을 듯이               -란다/이란다, ㄴ/는단다
-냐/느냐/으냐             -아/어/여 달라고
로/으로 하여금
```

1)

제1막   환웅의 뜻

등장인물: 환인, 환웅

장   소: 하늘나라

내레이션: 옛날, 이 땅에 나라가 생겨나기 전이었습니다. 하늘나라 임금 환인에게는 지혜롭고 호기심이 많은 환웅이라는 아들이 있었습니다. 그는 시간이 날 때마다 인간 세상을 내려다보며 사람들이 살아가는 모습을 지켜보았습니다. 봄, 여름,

제 5 과   쑥과 마늘만 먹고 백일 동안 햇빛을 보지 말거라

가을, 겨울의 변화가 뚜렷한 인간 세상이 환웅의 마음에 꼭 들었습니다.

환　　웅: (혼잣말로) 언젠가는 저 아래 인간 세상에 내려가 인간을 널리 이롭게 하리라.

내레이션: 아버지 환인은 환웅의 그런 마음을 알아채고 환웅을 불러서 말했습니다.

환　　인: 저 아래에 내려가 네 뜻대로 인간 세상을 잘 다스려 보거라.

내레이션: 환웅은 뛸 듯이 기뻐하며 말했습니다.

환　　웅: 제가 정말 인간 세상에 내려가도 되겠습니까?

환　　인: 그래, 내려가서 사람들을 위해 좋은 일을 많이 하도록 하여라.

제2막   단군의 탄생

등장인물: 환웅, 곰, 호랑이

장　　소: 태백산

호 랑 이: 환웅님, 저희를 사람이 되게 해 주세요.
　　　　　인간들처럼 행복하고 평화롭게 살고 싶습니다.

환　　웅: 사람이 되는 건 결코 쉬운 일이 아니란다.

　　　곰: 그래도 꼭 사람이 되고 싶습니다. 무엇이든 시키는 대로 다 하겠습니다.

환　　웅: 그럼 이 쑥과 마늘만 먹고 백일 동안 햇빛을 보지 말거라. 그렇게 할 수 있겠느냐?

곰, 호랑이: 네, 꼭 그렇게 하겠습니다.

내레이션: 쑥과 마늘을 받아든 곰과 호랑이는 햇빛이 들지 않는 캄캄한 동굴 속으로 들어갔습니다. 동굴 속은 아무것도 보이지 않아서 무척 갑갑하고 불편했으며 특히 배고픔을 참기 힘들었습니다.

호 랑 이: 어휴, 배고파 죽을 것 같아. 이제 더는 못 참아. 나 나갈래.

곰: 고생 끝에 낙이 온다고 하잖아. 조금만 더 참고 견디자.

내레이션: 하지만 성격이 급한 호랑이는 결국 동굴을 뛰쳐나갔습니다.

곰: 조금만 더, 조금만 더!

내레이션: 그렇게 시간이 흐르던 어느 날, 마침내 곰은 아름다운 여자로 변했고 사람들은 그 여자를 웅녀(熊女)라고 불렀습니다. 예쁜 여자가 된 웅녀는 또 아이를 갖고 싶었습니다. 그래서 아이를 낳게 해 달라고 하느님께 빌기 시작했고 그 모습을 지켜보던 환웅은 잠시 사람으로 변해 그녀와 결혼을 했습니다. 얼마 후 웅녀는 아들을 낳았는데 그가 바로 한민족의 시조 단군입니다.

2) 단군신화

아주 오랜 옛날, 하늘에는 환인이라는 왕이 살고 있었다. 그에게는 총명하고 지혜로운 환웅이라는 아들이 있었는데 환웅은 뜻을 하늘에 두지 않고 하늘 아래 인간 세상에 두고 있었다. 환인은 아들의 뜻을 알고 구름과 바람, 비의 신을 거느릴 수 있는 천부인(天符印) 세 개와 하늘의 무리 3천 명을 주면서 인간 세상으로 내려가 인간을 널리 이롭게 하는 홍익인간의 뜻을 펼칠 것을 당부하였다.

제 5 과   쑥과 마늘만 먹고 백일 동안 햇빛을 보지 말거라

환웅은 무리 3천 명을 거느리고 태백산 꼭대기의 신단수 아래에 내려와 그 주위를 신시(新市)라고 이름을 붙인 뒤 백성들을 모아 다스리기 시작하였다. 환웅은 곡식, 수명, 질병, 형벌, 선악 등을 주관하면서 백성들로 하여금 편안하게 살 수 있도록 도와주었다.

환웅의 마을에서 멀지 않은 곳에 호랑이와 곰이 살고 있었는데 그들은 사람들이 행복하게 산다는 소식을 듣고 사람이 되고 싶어서 환웅을 찾아왔다. 환웅은 그들에게 쑥 한 자루와 마늘 스무 개를 주면서 "동굴 속에서 쑥과 마늘만 먹고 백 일동안 햇빛을 보지 않으면 사람이 될 수 있을 것이다." 라고 말했다.

호랑이와 곰은 쑥과 마늘을 가지고 캄캄한 동굴 속으로 들어갔다. 그런데 호랑이는 시간이 지날수록 도저히 배고픔을 참을 수가 없어서 결국 더 이상 버티지 못하고 21일째 되던 날 뛰쳐나왔다. 그러나 곰은 끝까지 참고 견뎌 마침내 아름다운 여자가 되었다. 사람들은 그녀를 웅녀라고 불렀다.

그 후에 웅녀는 신단수 아래에서 하느님께 아들을 낳게 해 달라고 빌었고 이를 딱하게 여긴 환웅은 잠시 사람으로 변해 그녀와 결혼을 했다. 얼마 후 웅녀가 아들을 낳았는데 그가 바로 한민족의 시조 '단군'이다.

나중에 단군은 평양 부근의 '아사달'이라는 곳에 도읍을 정하고 나라 이름을 '고조선'이라 하였는데 그때가 바로 기원전 2333년 10월 3일이었다. 한국은 이 날을 개천절로 지정하고 매년 다양한 행사를 거행하며 단군이 나라를 세운 날을 기념한다.

새 단어

내레이션(narration)	(名)	（电影、电视等）解说，旁白
임금	(名)	君主，国王
지혜롭다(智慧--)	(形)	智慧，聪慧
호기심(好奇心)	(名)	好奇心
꼭	(副)	刚刚，正，正好
이롭다(利--)	(形)	有利，有益，有用，有好处
알아채다	(他动)	察觉到，注意到，猜到
뜻대로	(副)	如愿，如意，称心
다스리다	(他动)	治理，管理，统治
평화롭다(平和--)	(形)	和睦，安宁，平和
결코	(副)	决不，绝对，万万（不）
시키다	(他动)	使，让，使唤
쑥	(名)	艾草，艾蒿
마늘	(名)	大蒜
캄캄하다	(形)	墨黑，漆黑，黑暗
동굴(洞窟)	(名)	洞窟
무척	(副)	很，相当，非常，十分
갑갑하다	(形)	烦，腻烦，厌烦
참다	(他动)	忍住，忍受，容忍
고생(苦生)	(名)	受苦，吃苦，辛苦
낙(樂)	(名)	乐，乐趣

제 5 과   쑥과 마늘만 먹고 백일 동안 햇빛을 보지 말거라

뛰쳐나가다	（自动）	（从某处）跑出去，逃出去，逃离
마침내	（副）	终于，最后，最终
빌다	（他动）	祈祷，许愿；希望，祝愿
지켜보다	（他动）	看护，守护，看着
잠시(暫時)	（副）	暂时，片刻，一会儿
시조(始祖)	（名）	始祖，创始人
뜻(을) 두다	（惯用句）	把心放在（某人、某事、某计划等）上
거느리다	（他动）	率领，领导；领着，带着，带领
천부인(天符印)	（名）	天符印
무리	（名）	（人）群，大群
널리	（副）	广泛地，大范围地，大面积地
홍익인간(弘益人間)	（名）	弘益人间，造福人类，造福人民
(뜻을) 펼치다	（他动）	实现，展开（抱负、志向等）
꼭대기	（名）	顶，顶峰，顶端
신단수(神壇樹)	（名）	神坛树
주관하다(主管--)	（他动）	主管，掌管；主办
소식(消息)	（名）	消息
자루	（名）	袋子
도저히	（副）	无论如何，怎么也，根本
딱하다	（形）	可怜，凄惨，很惨
도읍(都邑)	（名）	京都，首都，都城
거행하다(擧行--)	（他动）	举行

 **문법 설명**

1. -리라/으리라: 종결어미

용언의 어간에 붙어 말하는 사람의 의지나 추측을 나타낸다. 예스러운 말투로 친구 관계나 그 밖에 아주 친한 사이에서 또는 말하는 사람보다 아랫사람에게 쓰는데 현대에는 일상적인 대화보다는 시나 노랫말, 문학적 표현, 혼잣말로 더 자주 쓰인다.

예문:

(1) 언젠가는 저 아래 인간 세상에 내려가 인간을 널리 이롭게 하리라.

日后一定要下凡，去造福人类。

(2) 힘이 닿는 데까지 노력하리라.

要竭尽全力。

(3) 은혜를 절대 잊지 않으리라.

我绝不会忘记这份恩情。

(4) 참고 견디면 좋은 날이 오리라.

守得云开见月明。

(5) 친구가 있다면 혼자가 아니리라.

如果有朋友，就不会孤单一个人。

(6) 머루랑 다래랑 먹으며 청산에서 살리라.

我要吃着山葡萄和软枣猕猴桃住在青山里。

제 5 과 쑥과 마늘만 먹고 백일 동안 햇빛을 보지 말거라

2. -거라: 종결어미

동사의 어간에 붙어 아랫사람 혹은 친구와 같은 친한 사이에서 명령의 의미를 나타낸다.

예문:

(1) 저 아래에 내려가 네 뜻대로 인간 세상을 잘 다스려 보거라.

去到那凡间，按照你的想法好好治理人间吧。

(2) 도움이 필요하면 선생님을 찾아가거라.

需要帮忙的话，就去找老师吧。

(3) 이곳에서 너희의 꿈을 활짝 펼치거라.

在这里尽情实现你们的梦想吧。

(4) 급하게 먹으면 체할 수 있으니 천천히 먹거라.

吃太快容易噎着，慢慢吃。

(5) 어디서부터 문제가 생겼는지 곰곰이 생각해 보거라.

好好想想到底是哪里出了问题。

3. -ㄹ/을 듯(이): 관용 표현

동사의 어간에 붙어 어떤 사실이나 상황에 대한 짐작이나 추측의 뜻을 나타낸다.

예문:

(1) 환웅은 뛸 듯이 기뻐하며 말했습니다.

桓雄高兴得要跳起来了，说道。

(2) 감기 때문에 힘이 하나도 없고 머리가 깨질 듯이 아팠다.

因为感冒浑身无力，头疼得好像要炸了一样。

(3) 여기서 보니 강주아오대교(港珠澳大桥)가 손에 잡힐 듯이 가깝다.

　　从这里看过去，港珠澳大桥好像触手可及。

(4) 새로 데뷔한 아이돌 그룹의 인기는 하늘을 찌를 듯이 높다.

　　新出道的偶像组合人气冲天。

(5) 수미는 대학 입학 통지서를 받고 날 듯이 기뻐했다.

　　秀美接到大学通知书高兴到好像要飞起来了。

4. -란다/이란다, ㄴ/는단다: 관용 표현

용언의 어간에 붙어 친구나 아랫사람에게 이미 알고 있는 사실이나 들은 말을 객관화하여 전할 때 쓰인다. '-란다'는 '이다', '아니다' 뒤에 쓰이고, '-ㄴ/는단다'는 동사 어간 뒤에 쓰이며, '-단다'는 형용사 어간, '-았/었/였-', '-겠-' 뒤에 쓰인다.

예문:

(1) 사람이 되는 건 결코 쉬운 일이 아니란다.

　　化身成人不是件容易的事情。

(2) 네가 원하던 직장에 취직했다니 나도 대단히 기쁘단다.

　　你找到了理想的工作，我也很高兴。

(3) 세상에는 착한 사람이 더 많단다.

　　世上还是好人多。

(4) 수미는 다음 주에 중간고사가 있어서 이번 행사에는 참가하지 않겠단다.

　　秀美下周有期中考试，说是不参加这次活动了。

(5) 지군이는 한국 소설을 일주일에 한 권씩 읽는단다.

据说志军一周读一本韩国小说。

(6) 예은 씨는 졸업 작품으로 종이 옷을 만든단다.

听说艺恩用纸质的衣服作为毕业作品。

5. -냐/느냐/으냐: 종결어미

용언의 어간에 붙어 아랫사람 혹은 친구와 같이 친한 사이에서 질문을 할 때 사용된다. 종결어미 '-냐/느냐/으냐'는 원래 받침 있는 형용사와 함께 쓸 때는 '-으냐'가 맞는 표현이고, 동사와 함께 쓸 때는 '-느냐'가 맞는 표현이지만, 일상생활에서 한국 사람들은 동사나 형용사에 관계없이 '-냐'로 쓰기도 한다. 예를 들면 '먹느냐, 넓으냐' 등으로 말해야 하는 것을 '먹냐, 넓냐' 등으로 말하는 경우가 많다.

예문:

(1) 그렇게 할 수 있겠느냐?

你能做到吗?

(2) 지금 인턴으로 일하고 있는 회사가 좋으냐?

现在实习的那家公司好吗?

(3) 어느 디자인이 더 예쁘냐?

哪个设计更好?

(4) 강의실에 누가 있느냐?

教室里有谁?

(5) 하숙집에서 학교까지 많이 머냐?

寄宿的家离学校很远吗?

6. -아/어/여 달라고: 관용 표현

동사의 어간 뒤에 붙어 말하는 이가 듣는 이에게 앞말이 뜻하는 행동을 해 줄 것을 요구함을 나타낸다.

예문:

(1) 웅녀는 아이를 낳게 해 달라고 하느님께 빌기 시작했고 그 모습을 지켜보던 환웅은 잠시 사람으로 변해 그녀와 결혼을 했습니다.
熊女开始向上天求一个孩子，看到这一幕，桓雄便化身为人与熊女结了婚。

(2) 할머니가 나에게 스마트폰 사용법을 알려 달라고 하셨다.
奶奶让我教她使用智能手机。

(3) 후배가 나에게 일자리를 구해 달라고 부탁했다.
后辈让我帮他找工作。

(4) 피뎅은 수강 신청을 도와 달라고 혜진이에게 전화했다.
皮丹给惠珍打电话让她帮自己选课。

(5) 동생은 저녁마다 동화책을 읽어 달라고 어머니에게 조른다.
弟弟每天晚上缠着妈妈给他读童话书。

7. 로/으로 하여금: 관용 표현

체언의 뒤에 붙어 '누구를 시켜', '하게 하여'라는 뜻을 나타낸다. 관용 표현 '로/으로 하여금'은 조사 '로/으로'와 부사 '하여금'이 결합된 형태이다.

현대 한국어에서 '하여금'이 쓰인 문장을 '누가 누구에게 무엇을 하게 하다'로 쓰는 경우가 많다.

제 5 과 쑥과 마늘만 먹고 백일 동안 햇빛을 보지 말거라

예문:

(1) 환웅은 곡식, 수명, 질병, 형벌, 선악 등을 주관하면서 백성들로 하여금 편안하게 살 수 있도록 도와주었다.

桓雄主管着谷物、寿命、疾病、刑罚和善恶，帮助百姓过上安稳的生活。

(2) 아버지는 먼길을 떠나면서 형으로 하여금 모든 집안일을 책임지도록 하였다.

父亲要出远门，让哥哥负责好家里的大小事情。

(3) 서동은 동요를 지어 아이들로 하여금 부르게 하였다.

薯童创作了一支童谣让孩子们传唱。

(4) 이 사진은 사람들로 하여금 지구 온난화와 기후 변화의 심각성에 대해 많은 생각을 하게 한다.

这张照片让人们认识到全球变暖和气候变化的严重性。

(5) 어려운 가정 형편은 왕강으로 하여금 일찍 철들게 하였다.

贫困家境让王刚从小就很懂事。

연습문제

★ **인터넷 사전에서 다음 표현을 찾아 그 의미와 활용을 익혀봅시다.**

간곡히	철이 들다	무분별하다	무한경쟁
우울하다	따다	짐승	용서하다
녹록치 않다	자영업자	사태	단번에

| 조치 | 부조리하다 | 타협하다 | 청중 |
| 비아냥 | 리얼리티 프로그램 | 알아채다 | 토템 |

1. 새로 배운 조사나 어미로 주어진 단어를 활용하여 괄호 안에 써 넣으십시오.

1) 학교 기숙사에 살면서도 그는 지각을 밥 (　　　　) 한다. (먹다)

2) 이 세상에는 나쁜 사람도 있지만 좋은 사람이 더 (　　　　). (많다)

3) 친구에게 이번만 꼭 좀 (　　　　) 간곡히 부탁했다. (돕다)

4) 이 책을 읽고 너는 무엇을 (　　　　)? (느끼다)

5) 너도 이젠 어른이 되었으니 철이 좀 (　　　　). (들다)

6) 방학하면 꼭 고향에 (　　　　). (다녀오다)

7) 무분별한 무한경쟁이 (　　　　) 우울해지게 한다. (아이들)

2. 괄호 안에 알맞은 단어나 표현을 써 넣으십시오.

| 무척 | 결코 | 마침내 | 도저히 | 뜻대로 |

1) 그 선수가 올림픽에서 금메달을 따게 된 것은 (　　) 우연이 아니었다.

2) 어릴 적 우리 집은 (　　) 가난하였다.

제 5 과   쑥과 마늘만 먹고 백일 동안 햇빛을 보지 말거라

3) 이번 실수는 (   ) 용서할 수가 없다.

4) 오랜 노력 끝에 (   ) 실험이 성공적으로 끝났다.

5) 모든 일이 (   ) 되면 얼마나 좋을까?

3. 주어진 단어를 순서대로 사용하여 문장을 만드십시오.

1) 사람   잘   다스리다   훌륭하다   리더십   있다

   → _____

2) 오랜   감염병 대유행   자영업자들   사정   참으로   딱하다

   → _____

3) 사태   심각성   단번에   알아채다   조치   취하다

   → _____

4) 선생님   지각하다   학생들   청소   하다

   → _____

5) 정월 대보름날   달   보다   소원   빌다   그   소원   이루어지다

   → _____

4. 아래의 문장에서 틀린 곳을 찾아 고치십시오.

1) 나는 결코 부조리한 현실과 타협하겠다.

2) 선생님이라도 무엇이든 다 안다.

3) 사회자가 청중들에게 조용히 해 주라고 요청했다.

4) 그의 비아냥에 화가 나서 도저히 참겠다.

5. 같이 이야기해 봅시다.

1) '고생 끝에 낙이 온다'는 말의 뜻을 한국어로 설명해 봅시다.

2) '홍익인간'이라는 말의 뜻을 한국어로 설명해 봅시다.

3) 중국의 건국신화를 소개해 봅시다.

6. 새로 배운 문법을 활용하여 다음 문장을 완성하십시오.

1) 만화책만 보지 말고 _____.

2) 그는 _____ 사장님께 사정을 하였다.

3) 오랜만에 자전거를 타니까 _____듯이 _____.

4) 친구가 갖다 준 약이 효과가 있었는지 병이 _____.

5) 요즘 오락프로는 사람들로 하여금 _____ 리얼리티 프로그램이 많다.

6) 가: 지군 씨가 왜 요즘 학교에 안 와요? 무슨 소식 못 들었어요?

   나: 축구를 하다가 _____.

7) 내가 보고서를 제출하라고 한 게 언제인데 _____?

7. 다음 문장을 한국어로 번역하십시오.

1) 马上就要下大雨了，赶紧回家吧！

2) 听说志军最近在准备研究生考试，特别忙。

3) 儿子又让我多给点零花钱，但我还是没给。

제 5 과   쑥과 마늘만 먹고 백일 동안 햇빛을 보지 말거라

4) 听说部长年轻时是个特别有名的篮球选手。

5) 都这么大了，自己的事情自己解决不行吗？

6) 环境污染和生态破坏必将会危害人类的健康。

7) 阅读可以使人增长知识，给人带来幸福。

8. 다음을 중국어로 번역하십시오.

　　한국 민간설화에서 호랑이는 종종 지혜와 정의의 화신인 산신령으로 표현된다. 또한 악한 기운과 질병을 막아준다 하여 사람들은 호랑이 무늬의 장신구를 착용하거나 문에 범 '호(號)'자나 호랑이 그림을 붙이는 풍습이 있었다. 20세기 초 일본에서 한국인들의 자존심을 짓밟기 위해 조선반도의 모양이 토끼와 같다고 하자, 이를 반박하기 위해 1908년 최남선은 잡지 <소년>의 창간호에 조선반도 위에 호랑이를 입힌 그림을 실었다. 이로써 근대 이래 호랑이는 한국의 민족정신과 떼려야 뗄 수 없는 관계가 되었다. 1988년 서울 올림픽의 마스코트인 한국 호랑이 '호돌이'는 전통 의상인 한복에 전통 놀이인 상모 돌리기를 하는 모습으로 세계에 한국의 자신감과 활력을 보여주었다. 또 2018년 평창 동계올림픽의 마스코트도 역시 호랑이였는데 백호인 수호랑은 '수호'와 '호랑이'의 합성어이다. 예부터 한국은 '백호'와 '청룡'을 숭상해 왔기 때문에 상서로운 백호의 이미지를

빙설과 결합하여 우의와 평화를 지킨다는 아름다운 바람을 전달하였다.

9. 다음 문법을 사용하여 문장을 만드십시오.

　　1) -리라/으리라

　　2) -거라

　　3) -ㄹ/을 듯이

　　4) -란다/이란다, ㄴ/는단다

　　5) -냐/느냐/으냐

　　6) -아/어/여 달라고

　　7) 로/으로 하여금

10. 다음 글을 읽고 여러분의 생각을 쓰십시오.

　　단군신화에 나오는 곰과 호랑이는 새로운 존재로 거듭나기를 바라는 우리의 모습을 상징하는 것일지도 모릅니다. 더 멋진 존재로 거듭나기를 바라는 마음은 우리 모두에게 있지만 사실 곰처럼 거듭나기에 성공하는 사람은 많지 않고 대부분은 호랑이처럼 실패합니다. 곰과 호랑이의 차이는 무엇일까요? 우리가 곰처럼 성공하기 위해서는 어떻게 해야 할까요?

 보충단어

실망하다(失望--)	（自动）	失望，沮丧，灰心
힘이 닿다	（词组）	力所能及，尽力

제 5 과 쑥과 마늘만 먹고 백일 동안 햇빛을 보지 말거라

다가오다	（自动）	走近，接近，靠近；来临，即将到来
거칠다	（形）	（表面）粗，粗糙，不光滑；粗心，马虎
짐작하다(斟酌--)	（他动）	斟酌，估计，估量，预料
조교(助敎)	（名）	助教
꿈을 펼치다	（词组）	实现梦想
활짝	（副）	豁然打开貌；展开貌
체하다(滯--)	（自动）	积食，滞食，伤胃
곰곰이	（副）	仔细，细细，反复，深（思）
손에 잡히다	（惯用句）	得心应手
원하다(願--)	（他动）	希望，盼望
대단히	（副）	非常，相当；很多，很大；了不起，出色
데뷔하다(début--)	（自动）	初次亮相，出道，初次登台
아이돌(idol)	（名）	偶像，偶像派
하늘을 찌르다	（惯用句）	高耸入云；气势高涨
조르다	（他动）	缠，纠缠，闹
질병(疾病)	（名）	疾病，疾患
형벌(刑罰)	（名）	刑，刑罚
선악(善惡)	（名）	善恶
편안하다(便安--)	（形）	舒服，舒适，舒心；平安，无恙

집안일	(名)	家事，家务
서동	(人名)	薯童
동요(童謠)	(名)	童谣，儿歌
짓다	(他动)	写，作；做，制造

분류단어

선사시대(先史時代)	史前时期
역사시대(歷史時代)	历史时期
고구려(高句麗)	高句丽
백제(百濟)	百济
신라(新羅)	新罗
고려(高麗)	高丽
조선(朝鮮)	朝鲜
대한제국(大韓帝國)	大韩帝国
식민지(植民地)	殖民地
쇠퇴(衰退)	衰退，没落
시련(試鍊)	苦难
침략(侵略)	侵略
양반(兩班)	两班，贵族
평민(平民)	平民，百姓
선비	书生，儒生
연대(連帶)	联盟，联合

제 5 과 쑥과 마늘만 먹고 백일 동안 햇빛을 보지 말거라

장군(將軍)	将军
왜곡(歪曲)	扭曲
전기/후기(前期/後期)	前期/后期
정체성(正體性)	认同，认同感
찬란하다(燦爛--)	灿烂，绚丽
황금기(黃金期)	黄金时期

제 6 과
한국 지폐 속 인물을 다 알아요?

语法概要:

```
한테서/에게서              로서/으로서
-ㅁ/음으로써               -자
-아/어/여 내다
```

1)

김혜진: 지군아, 산산아, 지금 여기서 돈 펼쳐 놓고 뭐 하는 거야?

장지군: 다음 주에 한국의 지폐를 소개하는 과제가 있어서 지금 준비하고 있어.

김혜진: 오, 그래? 근데 이 지폐 속의 인물들이 누군지 다 알아?

왕산산: 만 원권에 있는 분은 한글을 창제하신 세종대왕이잖아. 한국 사람들이 가장 존경하는 임금으로 알고 있는데?

김혜진: 잘 알고 있네. 그럼 오만 원권에 있는 분은 누군지 알아?

장지군: 신사임당. 현우 선배한테서 들은 적은 있는데 어떤 분인지는 잘 몰라.

제 6 과   한국 지폐 속 인물을 다 알아요 ?

김혜진: 조선시대에 뛰어난 글과 그림을 많이 남기셨어.

오천 원권 뒤에 그림 보이지? 이게 바로 신사임당이 그린 거야.

왕산산: 정말? 지금까지 한 번도 관심있게 본 적이 없는데…… 자세히 보니 그림에 나비, 벌레, 수박, 꽃이 있네!

장지군: 그림이 굉장히 섬세하고 정교하다!

김혜진: 그렇지? 신사임당은 여자들의 사회 진출이 힘든 시대에 문인으로서 또 화가로서 굉장한 예술적인 성취를 이룬 분이셔. 그리고 한국의 훌륭한 어머니상으로도 유명하고.

왕산산: 뭐? 훌륭한 어머니상이라고?

김혜진: 그래. 오천 원권에 나오는 이 분이 바로 신사임당의 아들이야. 율곡 이이라고 하는데 조선시대에 가장 존경 받던 대학자였어.

왕산산: 와, 정말 신기하다! 엄마와 아들이 모두 지폐 속 인물이 되다니! 정말 대단해!

장지군: 방금 검색해 보니까 조선시대의 대표적인 성리학자인데 사회 개혁을 위해 많은 일을 하셨네. 그럼 천 원권에 나오는 분은 누구셔?

김혜진: 퇴계 이황인데 율곡 이이와 같이 조선시대를 대표하는 성리학자야. 관직에 뜻을 두지 않고 교육과 학문 연구에 일생을 바치셨어.

왕산산: 정말 존경할 만한 분이시구나!

오늘 한국의 위인들에 대해 많이 공부하네!

김혜진: 그렇지? 그리고 돈을 자세히 보면 인물 외에도 여러 가지 그림이나 문자가 많은데 다 특별한 의미가 있거든. 그 의미를

밝히면서 발표를 준비하면 더 좋을 것 같아.

왕산산: 그래, 알겠어. 고마워.

2) 한국의 화폐

화폐는 한 나라의 상징이고 얼굴이다. 따라서 한국의 화폐에도 한국을 대표하는 역사 인물과 한국을 상징하는 문화재, 건축물, 동물, 식물 등의 상징물이 그려져 있다.

먼저 백 원짜리 동전에는 애국 명장인 이순신 장군의 초상이 그려져 있다. 그는 임진왜란 때 거북선을 제작하여 전쟁을 승리로 이끎으로써 지금도 한국 사람들의 깊은 존경을 받고 있다. 그리고 천 원과 오천 원짜리 지폐에는 각각 퇴계 이황과 율곡 이이가 그려져 있다. 퇴계 이황은 조선 시대의 대학자로 평생을 학문에 매진하여 성리학의 확립과 발전에 크게 공헌하였고 제자 양성에도 힘썼다. 율곡 이이는 아홉 번의 과거 시험에 모두 장원 급제한 인물로 16세기에 정치, 경제, 국방 등의 분야에서 탁월한 식견을 보여주었다. 만 원짜리 지폐에는 한글을 창제하였을 뿐만 아니라 유능한 인재를 양성하여 문화와 과학기술을 비약적으로 발전시키는 등 수많은 업적을 세운 세종대왕이 그려져 있다. 오만 원짜리 지폐에는 조선시대의 여류 문인이자 화가였던 신사임당(申師任堂)이 그려져 있는데 그는 시와 글씨, 그림에 남다른 재능이 있었고 율곡 이이를 대학자로 키워 낸 현모양처로도 유명하다.

역사 인물 외에도 한국을 상징하는 상징물들이 화폐에 그려져 있는데 일 원짜리 동전에는 무궁화가, 오 원짜리 동전에는 거북선이, 십 원짜리 동전에는 다보탑이, 오십 원짜리 동전에는 벼이삭이 그리고 오백

제 6 과 한국 지폐 속 인물을 다 알아요?

원짜리 동전에는 두루미가 그려져 있다.

 이렇게 한국 화폐에 등장하는 대표적인 인물과 상징물은 한국의 역사와 문화를 반영한다. 특히 학문과 예술성이 뛰어난 인물들이 한국 화폐의 인물로 지정된 것은 한국 사람들이 철학적 사유와 멋을 중시하기 때문이다.

새 단어

펼치다	(他动)	展开，铺开；展现
지폐(紙幣)	(名)	纸币
벌레	(名)	虫，虫子，昆虫
섬세하다(纖細--)	(形)	纤细，细致，纤巧
정교하다(精巧--)	(形)	精巧，精致
진출(進出)	(名)	进入，步入，走上
성취(成就)	(名)	成就，完成，实现
어머니상(---像)	(名)	母亲形象
성리학자	(名)	道学先生，性理学者
관직(官職)	(名)	官职，官，职位，职务
바치다	(他动)	献出，献给，奉献，贡献
위인(偉人)	(名)	伟人
문화재(文化財)	(名)	文物，文化遗产，文化财富
상징물(象徵物)	(名)	象征物
동전(銅錢)	(名)	铜币，铜钱，硬币

명장(名將)	(名)	名将
초상(肖像)	(名)	肖像
임진왜란(壬辰倭亂)	(名)	壬辰倭乱
거북선	(名)	龟船
이끌다	(他动)	领导，带领，率领，引领
각각(各各)	(副)	各自，分别
매진하다(邁進--)	(自动)	努力，埋头苦干，迈进
확립(確立)	(名)	确立
공헌하다(貢獻--)	(自动)	贡献，奉献
제자	(名)	弟子，学生，徒弟
양성(養成)	(名)	培养，养成，培训
힘쓰다	(自动)	用功，用力，努力
장원 급제(壯元及第)	(名)	状元及第，金榜题名
탁월하다(卓越--)	(形)	卓越，杰出
식견(識見)	(名)	见识，眼界
유능하다(有能--)	(形)	有能力，能力强，有才能
비약적(飛躍的)	(名/冠)	飞跃的
업적(業績)	(名)	业绩，功绩，实绩，成绩
여류(女流)	(名)	（用于部分名词前）女，妇女，女性
남다르다	(形)	与众不同，特别，独特；超乎常人
재능(才能)	(名)	才能

제 6 과 한국 지폐 속 인물을 다 알아요?

현모양처(賢母良妻)	（名）	贤妻良母
무궁화(無窮花)	（名）	木槿花，无穷花
다보탑(多寶塔)	（名）	多宝塔
벼이삭	（名）	稻穗
두루미	（名）	鹤，仙鹤，白鹤
사유(思惟)	（名）	思维
멋	（名）	姿态，风度，神采；风采，丰姿，韵味

 문법 설명

1. 한테서/에게서: 격조사

체언의 뒤에 붙어 어떤 행동을 일으킨 대상임을 나타낸다. '한테서'는 구어체에 자주 사용되고 문어체에서는 '에게서'로 쓴다.

예문:

(1) 현우 선배한테서 들은 적은 있는데 어떤 분인지는 잘 몰라.

我听贤宇提到过他，但不太清楚是怎样的人。

(2) 나는 선생님에게서 들은 이야기를 산산에게 알려주었다.

我把从老师那里听来的告诉了珊珊。

(3) 오랫동안 연락이 끊겼던 중학교 동창한테서 전화가 왔어.

失去联系很久的一个中学同学给我打来了电话。

(4) 취직을 한 지가 1년이 되었는데도 아직 부모님한테서 용돈을 받는다.

都工作了一年了，还从父母那里拿零用钱。

(5) 이것은 시중에서 매우 구하기 힘든 참고서인데 어제 선배한테서 선물로 받았어요.

这是在市面上很难买到的参考书，是昨天前辈送给我的。

2. 로서/으로서: 격조사

체언의 뒤에 붙어 지위나 신분 또는 자격을 나타낸다. 이때 '로서/으로서'는 '로/으로'로 바꿔 쓸 수 있다.

예문:

(1) 신사임당은 여자들의 사회 진출이 힘든 시대에 문인으로서 또 화가로서 굉장한 예술적인 성취를 이룬 분이셔.

在一个女性的社会活动受限的时代，申师任堂却以文人和画家的身份取得了相当大的艺术成就。

(2) 그는 우리 반 대표로서 학교 학생회 회의에 참가했다.

他作为我们班的代表参加了学校学生会的会议。

(3) 무궁화는 한국의 국화로서 옛날부터 한국인의 많은 사랑을 받았다.

木槿花作为韩国的国花，自古受到了韩国人的喜爱。

(4) 언니로서 동생이 옳지 않은 판단을 할 때 조언을 해 주어야 한다.

作为姐姐，在弟弟做出错误判断的时候要给予一些意见。

(5) 회사 대표로서 이 일의 모든 책임은 제가 지도록 하겠습니다.

我作为公司代表，对此事全权负责。

3. -ㅁ/음으로써: 연결어미

주로 용언에 붙어 어떤 일의 이유나 수단 혹은 방법을 나타낸다.

예문:

(1) 그는 임진왜란 때 거북선을 제작하여 전쟁을 승리로 이끎으로써 지금도 한국 사람들의 깊은 존경을 받고 있다.

他在壬辰倭乱的时候建造了龟甲船让战争走向了胜利，至今深受韩国人的敬爱。

(2) 규정을 따르지 않음으로써 발생하는 문제는 본인이 책임져야 한다.

因不遵守规定而引发的问题由本人负责。

(3) 그는 어려서부터 많은 책을 읽음으로써 세상을 보는 눈을 키웠다.

他从小阅读了大量的书籍，培养了看世界的眼光。

(4) 서로 소통함으로써 갈등을 해결할 수 있다.

可以通过相互沟通解决纠纷。

(5) 사람들은 누구나 마음을 주고받음으로써 진정한 친구가 될 수 있다.

谁都可以通过彼此交心成为真正的朋友。

4. -자: 연결어미

서술격 조사 '이다' 뒤에 붙어 두 가지 특징을 동시에 가지고 있음을 나타낸다.

예문:

(1) 오만 원짜리 지폐에는 조선시대의 여류 문인이자 화가였던 신사임당이 그려져 있다.

五万韩元面值的纸币上印着朝鲜时期的女性文人兼画家申师任堂。

(2) 이 분은 나의 대학 선배이자 현재 직장 상사이다.

这位既是我的大学前辈，也是我现在的职场上司。

(3) 환경을 보호하는 것은 지구를 살리는 일이자 개인을 위한 일이다.

保护环境既是为了地球，也是为了个人。

(4) 한국의 「애국가」는 작곡가이자 지휘자인 안익태 선생이 작곡했다.

韩国的《爱国歌》由作曲兼指挥家安益泰先生作曲。

(5) 바다는 나의 놀이터이자 부모님의 생활터전이다.

大海既是我的乐园，也是父母的家园。

5. -아/어/여 내다: 관용 표현

동사의 어간에 붙어 어떤 일이 끝내 이루어짐을 나타내거나 어떤 과정을 거쳐 이룬 결과임을 나타낸다.

예문:

(1) 신사임당은 율곡 이이를 대학자로 키워 낸 현모양처로도 유명하다.

申师任堂被认为是一名贤妻良母，培养出了栗谷李珥这位大学者。

(2) 한국은 짧은 시간에 경제 성장을 이루어 냈다.

韩国在很短的时间内实现了经济的发展。

제 6 과   한국 지폐 속 인물을 다 알아요 ?

(3) 과학자들은 오랜 연구를 통해 전염병의 원인을 밝혀 냈다.

科学家们通过长期的研究揭示了传染病的原因。

(4) 친환경 에너지를 찾아 내기 위해 사람들은 많은 노력을 한다.

很多人为了找到新能源付出了巨大的努力。

(5) 병을 이겨 내기 위해서는 환자 본인의 의지가 제일 중요하다.

想要战胜疾病，患者本人的意志是最重要的。

 연습문제

★ 인터넷 사전에서 다음 표현을 찾아 그 의미와 활용을 익혀봅시다.

지성인	복수학위	잠기다	합의하다
살펴보다	탁월하다	눈에 들어오다	남다르다
힘쓰다	말솜씨	사로잡다	피해를 주다
배제되다	초상	시대상	채택하다
악용되다	소지	위인	본보기

1. 새로 배운 조사나 어미로 주어진 단어를 활용하여 괄호 안에 써 넣으십시오.

1) 모든 (   ) 칭찬을 듣는 것은 불가능한 일이다.
   (사람들)

2) 우리는 (   ) 말과 행동에 품격이 있어야 한다. (지성인)

3) 규칙적인 생활과 운동을 (   ) 건강을 지킬 수 있습니다.

101

(견지하다)

4) 약속을 지키는 것은 타인에 대한 (　　　) 자신에 대한 존중이기도 하다. (존중이다)

5) 은사님께서는 평생 많은 제자들을 (　　　). (기르다)

2. 괄호 안에 알맞은 단어나 표현을 써 넣으십시오.

| 각각 | 방금 | 정말 | 자세히 | 굉장히 |

1) 기한 내에 복수학위를 전공하는 것은 (　　　) 힘든 일이다.

2) 그는 (　　　) 잠에서 깨어났는지 목소리가 잠겨 있었다.

3) 사람들은 생각이 (　　　) 달랐지만 다수의 의견에 따르기로 합의했다.

4) 너무 아파서 약을 먹기는 하는데 그 약이 (　　　) 그렇게 효과가 있는지는 알 수 없다.

5) 조금만 (　　　) 살펴봤더라면 문제를 발견할 수 있었을 텐데.

3. 주어진 단어를 순서대로 사용하여 문장을 만드십시오.

1) 그 사람들 마음 움직이다 데 탁월하다 능력 가지다

→ _____

2) 책 펼치다 있다 글 눈에 들어오다

→ _____

제 6 과   한국 지폐 속 인물을 다 알아요?

3) 그 어리다 때 운동 남다르다 소질 있다

→ _____

4) 그 평생 나라 식량문제 세계 식량 공급 확보하다 힘쓰다

→ _____

5) 그 사회자 뛰어나다 말솜씨 청중들 마음을 사로잡다

→ _____

4. 아래의 문장에서 틀린 곳을 찾아 고치십시오.

1) 다른 사람한테서 피해를 주면 안 된다.

2) 나는 반장으로써 해야 할 일을 했을 뿐이다.

3) 그 많은 만두를 혼자서 다 먹어 내었다.

5. 같이 이야기해 봅시다.

1) 한국의 지폐와 동전에 나오는 인물과 상징물을 소개해 봅시다.

2) 중국의 지폐와 동전에 나오는 인물과 상징물을 소개해 봅시다.

6. 새로 배운 문법을 활용하여 다음 문장을 완성하십시오.

1) 그는 나의 _____이자 _____이다.

2) 저렇게 어려 보이는데 _____ 믿을 수가 없군요.

3) 한국은 _____ 낸 국가로 알려져 있다.

4) 환경을 보호하는 것은 _____자 개인을 위한 일이다.

7. 다음 문장을 한국어로 번역하십시오.

1) 终于找到了可以解决困境的好办法。

2) 如还有其他疑问，可随时打电话咨询。

3) 要做的事情太多了，这件事情很难在这周内完成。

4) 受教育既是公民的基本权利，又是公民的基本义务。

5) 在没有手机和电话的时代，父母寄来的信比什么都珍贵。

8. 다음을 중국어로 번역하십시오.

　　각국 화폐에는 그 나라를 대표하는 역사적 인물, 동식물, 명소 및 문화유산 등의 이미지가 다양하게 사용되고 있다. 예를 들면, 한국 화폐에는 세종대왕, 율곡 이이, 퇴계 이황, 신사임당의 모습이, 미국 화폐에는 워싱턴, 링컨 등 역대 대통령의 모습이, 영국 화폐에는 엘리자베스(2세) 여왕의 모습이, 프랑스 화폐에는 작곡가 드뷔시, 작가 생텍쥐베리, 화가 세잔느 등의 모습이 들어 있다. 이집트의 화폐에는 피라미드, 스핑크스 등이 그려져 있고, 남아프리카공화국의 화폐에는 사자, 코끼리, 표범 등의 동물이, 뉴질랜드와 오스트레일리아의 화폐에는 자연 풍경과 건축물이 그려져 있다.

제 6 과   한국 지폐 속 인물을 다 알아요？

9. 다음 문법을 사용하여 문장을 만드십시오.

　　1) 한테서/에게서

　　2) 로서/으로서

　　3) -ㅁ/음으로써

　　4) -자

　　5) -아/어/여 내다

10. 다음 요구에 따라 글을 쓰십시오.

'내가 존경하는 위인'을 주제로 아래의 내용을 포함하여 글을 한 편 써 보십시오.

　　1) 위인으로 평가받는 이유

　　2) 위인을 존경하는 이유 및 본받고 싶은 점

　　3) 나의 노력

 보충단어

끊기다	（被动）	被断绝，被停止，被终止
시중(市中)	（名）	市里，市内，市中心；市场，市中
문인(文人)	（名）	文人，作家
이루다	（他动）	做成，实现，成为；达到，达成
국화(國花)	（名）	国花

조언(助言)	(名)	指教，（从旁）指点，建议
키우다	(使动)	（"크다"的使动形态）养，培养；使变大
책임지다(責任--)	(他动)	负责，负责任，承担责任
소통(疏通)	(名)	沟通
갈등(葛藤)	(名)	矛盾，分歧，纠纷，冲突
상사(上司)	(名)	上司，上级
살리다	(他动)	救活，挽救，使……活
애국가(愛國歌)	(名)	爱国歌
작곡가(作曲家)	(名)	作曲者，作曲家
지휘자(指揮者)	(名)	指挥者
놀이터	(名)	游乐园，游乐场；[喻]活动场所，乐园
터전	(名)	宅基地；基地
친환경(親環境)	(名)	环保
에너지(energy)	(名)	能量，能源；活力，精力，元气
연주하다(演奏--)	(他动)	演奏，弹奏，奏乐

분류단어

영웅(英雄)	英雄
위인(偉人)	伟人

제 6 과 한국 지폐 속 인물을 다 알아요?

운동선수(運動選手)	运动员
메달리스트(medalist)	奖牌得主
영화감독(映畵監督)	电影导演
아카데미상(academy賞)	奥斯卡奖
예술가(藝術家)	艺术家
미술가(美術家)	美术家
작곡가(作曲家)	作曲家
역사가(歷史家)	历史学家
독립운동가(獨立運動家)	独立运动家
학자(學者)	学者
선열(先烈)	先烈
순국하다(殉國--)	殉国
위상(位相)	地位，形象
명성(名聲)	声名，名望
명예(名譽)	名誉
위상을 드높이다	提高（社会/国际）地位
희생하다(犧牲--)	牺牲
기념하다(紀念--)	纪念
기리다	追忆，怀念

제 7 과
한국의 산과 바다

语法概要:

> -ㄹ/을 지경이다   -ㄴ/은/는 모양이다
>
> -기(가) 그지없다   -ㄴ/은/는/ㄹ/을 만큼

1)

진행자: 오늘은 외국인 유학생들을 모시고 한국의 산과 바다에 대해 이야기를 나눠 보고자 합니다. 자, 그럼 시작해 볼까요?

소피아: 제가 먼저 할게요. 저는 작년 여름에 친구들이랑 강원도 속초에 다녀왔는데요. 낮에는 해수욕을 하고 저녁에는 전망대에서 해넘이를 봤어요. 붉게 물든 바다와 하늘이 너무 황홀해서 숨이 막힐 지경이었어요.

롱수엔: 네, 그때 소피아 씨와 같이 본 해넘이는 정말 멋있었어요. 그래도 저는 이튿날 다녀왔던 설악산 경치가 더 기억에 남아요. 특히 케이블카에서 내려다본 신비한 바위와 시원하게 떨어지는 폭포 그리고 넓은 바다가 아직도 눈에 선해요.

제 7 과   한국의 산과 바다

진행자: 설악산과 동해에 다녀오신 모양이네요. 설악산은 일년 사계절 모두 경치가 장관이니까 다른 계절에도 꼭 가 보세요.

장지군: 저는 지난 겨울에 부모님을 모시고 제주도에 갔다 왔어요. 흰눈 덮인 한라산과 파란 하늘, 푸른 바다 그리고 노란 유채꽃이 어우러져 있는 풍경이 한 폭의 그림처럼 아름답기 그지없었어요. 그리고 성산일출봉에서 바라본 해돋이도 정말 장관이었고요. 바다 위로 서서히 떠오르는 해를 보면서 소원도 빌었어요.

진행자: 제주도는 공장이 없는 청정 지역으로 자연 경관이 빼어나지요. 그래서 한국인뿐만 아니라 외국인들한테도 인기가 많아요. 아, 그리고 지금 마침 단풍이 한창인데 혹시 단풍 구경을 다녀온 학생은 없나요?

장지군: 그렇지 않아도 다음 주에 사진 동아리에서 단풍 구경도 할 겸 사진 촬영도 할 겸 지리산에 가기로 했어요.

진행자: 지리산의 단풍 축제도 유명하니까 시간을 잘 맞춰서 가면 볼거리가 더 많을 거예요.

소피아: 설악산, 내장산, 지리산 단풍이 모두 예쁘다던데 어디에 가면 좋을까요?

진행자: 다 비슷한데 단풍이 시작되는 시기가 조금씩 달라요. 제일 북쪽에 있는 설악산이 가장 먼저 단풍이 들고 내장산과 지리산은 설악산보다 10일 정도 늦게 시작돼요. 설악산, 내장산 단풍은 노랗고 빨개서 울긋불긋한데 지리산의 단풍은 불타는 것처럼 빨개요.

소피아: 아, 그렇군요. 그럼 친구들이랑 상의해서 일정을 잘 짜 봐야겠네요.

진행자: 한국은 산과 바다가 많아서 오늘 이야기를 나누었던 산과 바다 외에도 가 볼 만한 곳이 아주 많아요. 한국에 있는 동안 좋은 추억들을 많이 만들어 가시면 좋겠습니다.

2) 한국의 산

한국은 전 국토 면적의 약 70%가 산지로 이루어진 만큼 산이 많다. 한국의 높은 산들은 대부분 북쪽과 동쪽에 위치해 있는데 이는 한국의 지형이 북쪽과 동쪽이 높고 남쪽과 서쪽이 낮기 때문이다. 특히 동부 지방에는 조선반도 전반에 걸친 태백산맥이 있는데 그 중 가장 유명한 것은 바로 설악산이다.

설악산은 강원도에서 가장 동쪽에 위치한 산인데 최고봉인 대청봉의 높이가 1,708m로 한국에서 세 번째로 높다. 설악산은 한국인들이 가장 좋아하는 산으로 수려한 자연경관을 자랑하는데 특히 신비한 기암절벽이 많기로 유명하다. 그리고 봄에는 다양한 꽃들이, 여름에는 시원한 계곡물이, 가을에는 형형색색의 단풍이, 겨울에는 환상적인 설경이 눈길을 끌어 일년 내내 관광객들의 발길이 끊이지 않는다. 또한 설악산은 천연보호구역으로서 자연보호가 잘 되어 있어 희귀한 동식물들이 많다.

태백산맥의 남서쪽으로 소백산맥이 이어지는데 소백산맥에서 가장 대표적인 산은 지리산이다. 지리산은 전라북도, 전라남도, 경상남도에 걸쳐 있는데 최고봉인 천왕봉의 높이가 1,915m로, 한국에서 한라산에

제 7 과 한국의 산과 바다

이어 두 번째로 높은 산이다. 지리산은 산세가 웅장하기로 유명할 뿐만 아니라 유명한 계곡과 산봉우리 그리고 활엽수와 원시림도 많다. 그래서 지리산도 설악산과 마찬가지로 관광객들의 사랑을 많이 받는다.

또한 제주도에는 한국에서 가장 높은 산이자 휴화산인 한라산이 있다. 높이가 1,950m인 한라산은 용암이 뿜어져 나오면서 생긴 화산인데, 정상에는 백록담이라는 호수가 있다. 그리고 한라산은 해발고도에 따라 1,800여 종의 아열대·온대·냉대 식물이 자생하여 고도에 따른 식생의 변화가 뚜렷하다. 봄에는 철쭉꽃, 진달래꽃, 유채꽃이, 가을에는 울긋불긋한 단풍이 아름답다. 그리고 겨울에는 설경과 운해가 절경을 이룬다.

새 단어

황홀하다(恍惚/慌惚--)	(形)	入迷，着迷，出神；迷惑，神情恍惚
숨이 막히다	(词组)	喘不过气，窒息
지경(地境)	(名)	境地，地步，状况
내려다보다	(他动)	向下看，俯视
폭포(瀑布)	(名)	瀑布
덮이다	(被动)	被覆盖，被盖；覆盖，弥漫
어우러지다	(自动)	协调，和谐；相容，融洽
그지없다	(形)	无限，无穷；无比，非常
성산일출봉	(名)	城山日出峰
바라보다	(他动)	看，望，看着，望着

해돋이	(名)	日出
서서히	(副)	慢慢地，徐徐地，缓缓地，缓慢地
떠오르다	(自动)	升起，浮上来，浮起；浮现，想起
청정 지역(淸淨地域)	(名)	清净地区，无污染地区
경관(景觀)	(名)	风景，景色，景致
빼어나다	(形)	杰出，出众，优秀
한창	(名)	正是时候，正烈，正浓
맞추다	(他动)	对，协调，调整
울긋불긋하다	(形)	花花绿绿，五颜六色
불타다	(自动)	着火，起火；火红
(일정을) 짜다	(词组)	定，定出，安排（日程）
산지(山地)	(名)	山地
지형(地形)	(名)	地形
걸치다	(他动)	横架，横跨
태백산맥(太白山脈)	(名)	太白山脉
대청봉(大靑峯)	(名)	大青峰（雪岳山的主峰）
수려하다(秀麗--)	(形)	秀丽，清秀
기암절벽(奇巖絶壁)	(名)	奇岩绝壁，悬崖峭壁
계곡(溪谷)	(名)	涧谷，溪谷，溪涧，山涧
형형색색(形形色色)	(名)	形形色色，各种各样，五花八门
소백산맥(小白山脈)	(名)	小白山脉
천왕봉(天王峯)	(名)	天王峰
산세(山勢)	(名)	山势

제 7 과 한국의 산과 바다

웅장하다(雄壯--)	(形)	雄壮，宏伟，雄伟
활엽수(闊葉樹)	(名)	阔叶树
원시림(原始林)	(名)	原始森林
휴화산(休火山)	(名)	休眠火山
용암(熔巖)	(名)	岩浆,熔岩
뿜다	(他动)	喷，吐，冒
백록담(白鹿潭)	(名)	白鹿潭
해발고도	(名)	海拔高度
아열대(亞熱帶)	(名)	亚热带
온대(溫帶)	(名)	温带
냉대(冷帶)	(名)	亚寒带
자생하다(自生--)	(自动)	自生，野生
식생(植生)	(名)	植被
철쭉꽃	(名)	山踯躅花，杜鹃花
운해(雲海)	(名)	云海
절경(絶景)	(名)	绝景，佳景

 문법 설명

1. -ㄹ/을 지경이다: 관용 표현

용언의 어간에 붙어 '경우'나 '형편', '정도'의 뜻을 나타낸다.

예문:

(1) 붉게 물든 바다와 하늘이 너무 황홀해서 숨이 막힐 지경이었어요.

被染成红色的大海和天空是如此绚烂，以至于呼吸都好像要停止了一样。

(2) 요즘은 일이 너무 많아서 죽을 지경이에요.

最近事情多到令人窒息。

(3) 기숙사 인터넷 속도가 너무 느려서 화가 날 지경이다.

宿舍的网速太慢，简直要被气死了。

(4) 해도해도 줄어들지 않는 업무와 누적된 피로에 쓰러질 지경이다.

怎么做也做不完的工作和累积的疲劳让我快要倒下了。

(5) 머리가 터질 지경으로 아파서 병원에 갔다.

头痛得好像要炸了，所以去了一趟医院。

2. -ㄴ/은/는 모양이다: 관용 표현

용언의 어간에 붙어 다른 사실이나 상황으로 미루어 현재 어떤 상황일 것이라고 추측하거나 짐작함을 나타낸다. 앞 내용이 과거에 관한 것이면 동사에 '-은 모양이다'를 쓰거나 동사나 형용사에 '-었던 모양이다'를 쓴다.

예문:

(1) 설악산과 동해에 다녀오신 모양이네요.

看来（你们）是去了趟雪岳山和东海了。

제 7 과 한국의 산과 바다

(2) 배낭과 등산화를 챙기는 것을 보니 퇴근하고 산에 가시는 모양이다.

看（他）拿着背包和登山鞋，应该是想要下班后去爬山吧。

(3) 수업에 지각한 것을 보니 아침에 늦잠을 잔 모양이다.

上课迟到，看来应该是早上睡懒觉了。

(4) 고사장에서 나오는 학생들 얼굴을 보니 시험이 어려웠던 모양이다.

从走出考场的学生的表情来看，考试似乎很难。

(5) 이 집 삼계탕이 맛있는 모양이에요. 손님들이 밖에서 줄을 서서 기다리네요.

看来这家店的参鸡汤很好吃啊。客人都在外面排队等候呢。

3. -기(가) 그지없다: 관용 표현

형용사의 어간에 붙어 감정이나 상태가 비할 데 없이 대단하거나 매우 심함을 강조하여 나타낸다.

예문:

(1) 푸른 바다 그리고 노란 유채꽃이 어우러져 있는 풍경이 한 폭의 그림처럼 아름답기 그지없었어요.

蓝色的大海和黄色的油菜花交相辉映，就像是画一般美不胜收。

(2) 친구가 올림픽에서 메달을 탔다는 소식을 들으니 기쁘기가 그지없다.

听说朋友在奥运会上获得了奖牌，高兴极了。

(3) 이렇게 다시 만나 뵙게 되어서 반갑기 그지없습니다.

能再次见到您，真是太高兴了。

(4) 캄캄한 밤길을 혼자 걸으려니 무섭기 그지없었다.

要走这么黑的夜路，真的特别害怕。

(5) 취직이 안 돼 답답하기 그지없는 내 마음을 누가 알아줄까?

谁能够理解我找不到工作无比郁闷的心情呢?

4. -ㄴ/은/는/ㄹ/을 만큼: 관용 표현

용언의 어간에 붙어 앞 내용에 비례하거나 또는 비슷한 정도나 수량임을 나타낸다. 동시에 앞 내용이 뒤 내용의 이유나 근거임을 나타낸다. 관용 표현 '-ㄹ/을 만큼'은 동사의 어간에 붙어 앞 내용에 비례하거나 또는 비슷한 정도나 수량임을 나타낸다.

예문:

(1) 한국은 전 국토 면적의 약 70%가 산지로 이루어진 만큼 산이 많다.

韩国山很多，山地占了国土面积的约70%。

(2) 평소에 다른 사람들에게 베푸는 만큼 복을 받으리라.

平常对他人这么慷慨，肯定也会很有福的。

(3) 이번 회의는 국제학술대회인 만큼 외국 학자들도 많이 참석했다.

这次的会议是一场国际学术会议，因此有很多外国学者参加。

(4) 이 컴퓨터는 성능이 좋은 만큼 값도 비싸다.

这台电脑性能很好，相应地价格也很贵。

(5) 뷔페에서는 먹을 만큼만 가져다 먹어야 한다.

吃自助餐的时候，吃多少拿多少。

제 7 과   한국의 산과 바다

 **연습문제**

★ **인터넷 사전에서 다음 표현을 찾아 그 의미와 활용을 익혀봅시다.**

서운하다	보상을 받다	제철	밀리다
잔소리	숨이 막히다	민망하다	싱싱하다
빙하 작용	지질 구조	습곡	단층 지괴
석회질	유적	유례가 없다	옥색

1. 새로 배운 조사나 어미로 주어진 단어를 활용하여 괄호 안에 써 넣으십시오.

1) 그 식당은 맛집으로 소문이 나서 손님이 너무 많아 발 디딜 틈도 (   ). (없다)

2) 아직도 잠을 자고 있는 걸 보니 어젯밤에 또 밤을 (   ). (새우다)

3) 우리가 친하다고 생각했는데 나한테만 비밀로 했다고 하니 (   ). (서운하다)

4) 세상은 공평하여 (   ) 보상을 받을 수 있다. (노력하다)

2. 괄호 안에 알맞은 단어나 표현을 써 넣으십시오.

한창	가장	특히	서서히

1) 시간이 되자 기차가 (   ) 움직이기 시작했다.

2) 요즈음 유자가 (   ) 제철이다.

117

3) 무엇인가를 시작하기에 (   ) 적합한 때는 바로 지금이다.

4) 교통 체증이 아주 심한데 (   ) 퇴근 시간에는 다른 때보다 차가 많이 밀린다.

3. 주어진 단어를 순서대로 사용하여 문장을 만드십시오.

1) 어머니   잔소리   너무   심하다   숨이 막히다

　→ _____

2) 큰길   한복판   넘어지다   민망하다   그지없다

　→ _____

3) 이 식당   손맛   좋다   가격   착하다   손님들   발길이 끊이다

　→ _____

4) 푸르다   바다   시원하다   떨어지다   폭포   아직   눈에 선하다

　→ _____

4. 아래의 문장에서 틀린 곳을 찾아 고치십시오.

1) 혜진이는 얼굴이 예쁜 만큼 마음씨도 나쁘다.

2) 새로 생긴 과일 가게에서 과일을 샀는데 싸고 싱싱한 모양이에요.

3) 나는 가족을 사랑하기 그지없어요.

4) 머리가 아플 지경이라서 병원에 갔다.

5. 같이 이야기해 봅시다.

1) 중국의 산과 바다를 소개해 봅시다.

2) 가장 기억에 남는 여행지를 소개해 봅시다.

제 7 과   한국의 산과 바다

3) 한국에 가면 어디에 가장 먼저 가고 싶은지 이야기해 봅시다.

6. 새로 배운 문법을 활용하여 다음 문장을 완성하십시오.

1) 얼굴 표정을 보니 _____.

2) 어릴적 소원을 이루어서 _____.

3) _____ 슬프기 그지없다.

4) 지군 씨는 _____ 친구들에게 인기가 많아요.

5) 일주일 동안 쉬지 못했더니 _____.

6) 롱수엔 씨가 전화를 안 받는 걸 보니 _____.

7) 면접에서 떨어져서 속상하겠지만 _____.

8) 너무 급히 뛰어가다보니 그만 넘어졌어요. _____
   지경이었어요.

7. 다음 문장을 한국어로 번역하십시오.

1) 既然努力了，会有好结果的。

2) 头痛得厉害，无法入睡。

3) 天空突然变暗了，可能要下雨了。

4) 最近工作不顺利，感觉快要疯了。

5) 看她那么伤心，可能这次没考好吧。

6) 一个人走在漆黑的胡同，真是害怕极了。

7) 隔壁阿姨每次见到我就热情地跟我打招呼，还经常来给我送小菜，真是位亲切的阿姨。

8. 다음을 중국어로 번역하십시오.

　황산은 중국에서 경치가 가장 아름다운 산으로 유명하며 복잡한 지질사로도 흥미로운 곳이다. 1억 년 전에 지각 운동을 거치면서 옛 해양인 양쯔해(揚子海)가 사라진 후, 이곳에는 수많은 봉우리뿐만 아니라 습곡, 단층 지괴 그리고 석회질 모래사장, 폭포, 계단식 호수 등이 형성되었다. 특히 계단식 호수는 맑은 파란색에 옥색 또는 초록색을 띠어 아름답기가 그지없어 관광객들의 눈길을 사로잡는다.

9. 다음 문법을 사용하여 문장을 만드십시오.

1) -ㄹ/을 지경이다

2) -ㄴ/은/는 모양이다

3) -기(가) 그지없다

4) -ㄴ/은/는/ㄹ/을 만큼

10. 여러분이 2박 3일 동안 여행을 간다면 어디로 가고 싶습니까?

다음 표를 참고하여 친구들과 같이 여행 계획을 세워 봅시다.

여행 장소	
일행	
선정 이유	
교통편	
숙박	
비용	
준비물	
일정	■ 1일:
	■ 2일:
	■ 3일:

 보충단어

줄어들다	（自动）	变少，变小，减少，缩小
누적되다(累積--)	（自动）	积，累积，积累，蓄积
피로(疲勞)	（名）	累，疲劳，疲累，疲倦，疲惫
쓰러지다	（自动）	倒下，倒；病倒
터지다	（自动）	破，裂，破裂，裂开
배낭(背囊)	（名）	背囊，背包

등산화(登山靴)	(名)	登山鞋，攀登鞋
표정(表情)	(名)	表情，脸色，样子
올림픽(Olympic)	(名)	奥林匹克运动会，奥运会
메달(medal)	(名)	勋章，奖牌，奖章
타다	(他动)	领，领取
캠퍼스(campus)	(名)	校园
무섭다	(形)	可怕，吓人，恐怖，危险；惊人，非常，厉害
답답하다	(形)	闷，烦闷，发闷；焦急，着急，心焦
베풀다	(他动)	给予，施舍
성능(性能)	(名)	性能，功能
뷔페(buffet)	(名)	自助餐，快餐，快餐店

 **분류단어**

내륙(內陸)	内陆
해안지역(海岸)	沿海地区
산간(山間)	山区
도서(島嶼)	岛屿
하천(河川)	河川
산지(山地)	山地，山区
평지(平地)	平原，平地

제 7 과 한국의 산과 바다

고원(高原)	高原
평야(平野)	平原
산맥(山脈)	山脉
육지(陸地)	陆地
수도권(首都圈)	首都圈
꼭대기	山顶，顶端
갯벌	滩涂
강수(降水)/강수량(降水量)	降水/降水量
장마철	雨季，梅雨季
호우/폭우/폭설	大雨/暴雨/暴雪
태풍(颱風)	台风
홍수(洪水)	洪水
산사태(山沙汰)	山体滑坡
지진(地震)	地震
건기(乾期)/우기(雨期)	旱季/雨季
건조하다(乾燥--)	干燥，干旱
습윤하다(濕潤--)	湿润，潮湿
고온다습하다(高溫多濕--)	高温潮湿
열대기후(熱帶氣候)	热带气候
온대기후(溫帶氣候)	温带气候
냉대기후(冷帶氣候)	寒带气候
삼면이 바다에 접해 있다	三面临海

제 8 과
한국에서는 생일에 미역국을 먹어요

语法概要:

| 라도/이라도 | -고도 |
| -고 보니(까) | -아/어/여 오다 |

1)

왕산산: 다음 주 토요일이 지군이 생일이래. 우리 같이 식사라도 할까?

김혜진: 그날 마침 부모님이 안 계시는데 우리 집에서 편하게 먹자.

왕산산: 우리는 당연히 좋지만 네가 너무 힘들지 않겠어?

　　　　음식도 준비하고 집도 정리해야 되잖아.

김혜진: 괜찮아. 미역국과 잡채 정도는 할 수 있어.

　　　　또 다른 건 배달시키면 되고.

왕산산: 그럼 나도 일찍 가서 도울게.

(혜진이네 집에서)

왕산산: 와! 맛있는 게 정말 많네. 뭘 이리 많이 만들었어? 열 사람이 먹고도 남겠다.

제 8 과   한국에서는 생일에 미역국을 먹어요

장지군: 그러게. 잡채하고 불고기에 치즈 계란말이까지.
　　　　와, 다 내가 좋아하는 거네.
김혜진: 너희들한테 싸 주려고 좀 넉넉하게 준비했어.
　　　　오늘은 지군이가 주인공이니까 여기 가운데에 앉아.
　　　　산산아, 생일 케이크에 초도 꽂고 불도 좀 붙여 줄래?
왕산산: 그래. 지군아, 어서 소원 빌고 촛불 불어!
장지군: 후~!
김혜진: 자, 받아! 이건 우리가 같이 준비한 생일 선물이야. 빨리 풀어 봐.
장지군: 와, 즉석카메라네. 안 그래도 하나 있었으면 했는데…… 너무 고마워.
왕산산: 너 사진 찍는 거 좋아해서 샀는데 마음에 든다니 다행이다.
김혜진: 산산아, 이거. 네가 지난번에 빌려 달라던 『외국인을 위한 한국어문법』 책이야. 온 김에 가져 가.
왕산산: 알았어. 한국어 공부 더 열심히 할게.
김혜진: 그럼 이제 식사할까? 지군아, 너 식기 전에 이 미역국부터 먹어.
　　　　한국에서는 생일에 꼭 미역국 먹는 거 알지?
장지군: 중국에서는 생일에 건강하게 오래 살라는 뜻으로 장수면을 먹는데 올해는 혜진이 덕분에 미역국을 먹으면서 한국식으로 생일을 쇠네.
왕산산: 그런데 혜진아, 한국에서는 왜 생일날 미역국을 먹는 거야?
김혜진: 한국에서는 엄마가 아기를 낳고 보통 미역국을 먹으면서 산후조리를 하거든. 그래서 생일날 엄마에 대한 감사와 사랑을 다시 한번 느끼라는 의미에서 먹는 거야.

왕산산: 아, 그래? 듣고 보니 미역국에 정말 깊은 뜻이 담겨 있구나.

장지군: 그럼 나도 이따가 기숙사에 돌아가서 가족들 안부도 묻고 엄마한테 감사한 마음도 전할 겸 전화라도 드려야겠다.

2) 한국인의 생일

한국 사람들은 옛날부터 생일을 중요하게 생각해 왔다. 그 중에서도 첫 번째 생일인 돌과 60번째 생일인 환갑은 지금도 가장 중요하게 생각한다.

돌에는 일년을 무사히 자란 아이를 위해 가족이나 친구들을 초대하여 돌잔치를 크게 한다. 돌잔치 때 아이에게 돌옷을 예쁘게 차려입혀 돌상 앞에 앉힌다. 돌상에는 떡과 과일 외에도 고기, 생선, 전, 약밥 등 음식을 풍성하게 차려 놓는다. 그리고 돌상 앞에 돈, 쌀, 연필, 책, 흰 실타래 등을 올려놓고 아이에게 잡게 하면서 아이의 미래를 점쳐본다. 이러한 행사를 돌잡이라고 하는데 요즘에는 컴퓨터 마우스는 물론 마이크, 청진기, 공과 같은 직업을 상징하는 여러 가지 물건을 놓고 아이의 장래를 추측하기도 한다.

돌잔치에 초대된 사람들은 아이의 돌을 축하하면서 보통 옷이나 금반지를 선물한다. 금은 세월이 지나도 변하지 않기 때문에 아이가 금처럼 가치 있고 순수한 모습으로 변치 말고 잘 자라라는 뜻이다. 하지만 금값이 크게 오른 요즘에는 금반지 대신 축의금을 주기도 한다.

환갑은 다른 말로 회갑이라고도 하며 이날 자식들은 부모님께 효도하기 위해 친척들과 부모님의 친구들을 초대하여 잔치를 크게 연다. 자식들은 가족사진이나 친지들의 인사말로 동영상을 만들어

부모님께 감사의 마음을 표하거나 연예인을 초청하여 잔치 분위기를 돋우기도 한다. 그리고 환갑에 초대된 사람들은 보통 축의금이나 건강식품을 선물한다.

　한국인들은 지금도 과거와 마찬가지로 돌과 환갑을 특별한 날로 여기고 축하하지만 평균 수명이 길어지고 사회가 빠르게 변화하면서 생일을 맞이하는 모습도 조금씩 변해 가고 있다. 이를테면 집에서 하던 잔치를 전문 음식점이나 호텔에서 치르고, 환갑잔치 대신 여행을 보내드리기도 하며 환갑 대신 칠순 혹은 팔순잔치를 더 크게 하기도 한다. 그리고 직접 만나서 생일을 축하하기도 하지만 요즘은 SNS에서 축하 메시지를 보내거나 온라인으로 바로 생일 선물을 보내는 경우도 많다.

새 단어:

당연히(當然-)	(副)	当然，理应，应该，应当
배달시키다(配達---)	(他动)	点外卖
넉넉하다	(形)	足够，充足，充分；（日子过得）宽裕，富裕，富足，丰裕
가운데	(名)	中间，中心，正中
싸다	(他动)	包，打包，打捆
초	(名)	蜡烛，蜡
꽂다	(他动)	插，插入
(불을) 붙이다	(他动)	点火，点燃

즉석카메라(卽席camera)	(名)	拍立得
오래	(副)	很长时间，很久，好久，许久
장수면(長壽面)	(名)	长寿面
쇠다	(动)	过（节日或纪念日等）
산후조리(産後調理)	(名)	坐月子；产后调养
이따가	(副)	回头，晚些时候，待（一）会儿，等（一）会儿
안부(安否)	(名)	问候，平安与否
환갑(還甲)	(名)	花甲
돌	(名)	一周岁
무사히(無事-)	(副)	平安，安全，无事故，无灾无病
돌잔치	(名)	周岁宴，周岁筵席
약밥(藥-)	(名)	八宝饭
실타래	(名)	线团
점치다(占--)	(他动)	占卜，算卦，算命；预测，预料，预计
돌잡이	(名)	抓周
마우스(mouse)	(名)	鼠标
마이크(mike)	(名)	话筒，麦克风
청진기(聽診器)	(名)	听诊器
공	(名)	球
순수하다(純粹--)	(形)	纯，纯粹；纯真，单纯
장래(將來)	(名)	将来，未来

제 8 과 한국에서는 생일에 미역국을 먹어요

축의금(祝儀金)	（名）	礼金
효도(孝道)	（名）	孝，孝道；孝敬，孝顺，尽孝
인사말	（名）	问候语，应酬话，客气话，打招呼
표하다(表--)	（他动）	表示，表达，陈述
(분위기를) 돋우다	（他动）	暖场，助兴
여기다	（自动/他动）	认为，认定，视为，看成，当作
수명(壽命)	（名）	生命，寿命
맞이하다	（他动）	迎，迎接
치르다	（他动）	办，举办
SNS(Social Network Services)	（名）	社交网络

 문법 설명

1. 라도/이라도: 보조사

체언이나 부사어, 일부 조사나 연결어미에 붙어 최선의 것이 아니라 차선의 것임을 나타낸다.

예문:

(1) 다음 주 토요일이 지군이 생일이래. 우리 같이 식사라도 할까?

听说下周是志军的生日，我们一起吃个饭吧?

(2) 밥이 없으면 라면이라도 주세요.

没有米饭的话，拉面也行啊。

(3) 그냥 집에만 있지 말고 낮에 산책이라도 조금 해요.

别老待在家里，白天哪怕出去散散步也行啊。

(4) 중학교 때 돌아가신 할아버지를 꿈에서라도 만나고 싶다.

哪怕在梦里都好，想见见我上中学时候去世的爷爷。

(5) 요리를 만든 사람의 성의를 생각해서라도 좀 드셔보세요.

好歹考虑一下做饭人的诚意，多少吃一点。

(6) 정식 시합은 아니지만 이렇게라도 한 번 이기고 싶었어요.

就算不是正式的比赛，也想这样赢一次。

2. -고도: 연결어미

용언의 어간에 붙어 앞의 사실이나 느낌에 상반되거나 또 다른 특성이 있음을 나타낸다. 연결어미 '-고도' 앞에는 과거를 나타내는 선어말어미 '-었-'이나 의지와 추측을 나타내는 선어말어미 '-겠-'이 쓰일 수 없다.

예문:

(1) 열 사람이 먹고도 남겠다.

十个人吃也足够了。

(2) 비슷한 문제를 많이 풀어 봐서 보지 않고도 풀 수 있어요.

类似的题目做了好多次了，不用看也能做出来。

(3) 경기 불황으로 대학을 졸업하고도 취업하기가 쉽지 않다.

因为经济不景气，就算大学毕业也很难找到工作。

(4) 동면하는 동물들은 겨울 내내 먹지 않고도 살 수 있다.

冬眠的动物整个冬天什么都不吃也可以活下去。

(5) 우리는 친구의 슬프고도 아름다운 사랑 이야기를 뮤지컬로 만들었다.

我们把朋友悲伤又凄美的爱情故事编成了音乐剧。

3. -고 보니(까): 관용 표현

동사의 어간에 붙어 행위가 일어나기 전에는 미처 몰랐는데 행위를 한 이후 혹은 그 결과를 통해 뒤에 오는 내용을 받아들이거나 새삼 깨닫게 됨을 나타낸다.

예문:

(1) 듣고 보니 미역국에 정말 깊은 뜻이 담겨 있구나.

这么听起来，海带汤原来有这么深的寓意啊。

(2) 처음에는 화가 많이 났지만 사정을 듣고 보니 어느 정도 이해가 되었다.

一开始挺生气的，但听你解释后我也理解了一些。

(3) 같은 회사에 다녀서 그냥 인사만 하며 지냈는데 알고 보니 그는 초등학교 동창이었다.

（我们）在一个公司工作，彼此点头打个招呼，没想到原来是小学同学。

(4) 스파게티를 만들려고 했는데 만들고 보니 죽이 되었네요.

本来想做意大利面的，结果不小心做成粥了。

(5) 가을에 입을 스웨터를 사고 보니 작년에 산 것과 비슷해서 환불했다.

买了件秋季穿的毛衣，结果发现和去年买的差不多就给退了。

4. -아/어/여 오다: 관용 표현

용언의 어간에 붙어 어떤 행위나 상태, 상태 변화가 계속되거나 진행됨을 나타낸다.

예문:

(1) 한국 사람들은 옛날부터 생일을 중요하게 생각해 왔다.

韩国人自古就比较重视生日。

(2) 그들 둘은 어릴 적부터 친하게 지내 온 친구이다.

他们两个是从小就处得很好的朋友。

(3) 한국과 중국은 옛날부터 우호 관계를 유지해 왔다.

中韩两国从很早开始就维持着友好的关系。

(4) 어려운 가정에서 지금까지 열심히 살아 왔다.

出身于贫寒的家庭，努力奋斗至今。

(5) 지금까지 자치단체에서 청년들의 취업 교육을 맡아 왔다.

一直由地方政府负责青年的就业指导工作。

 연습문제

★ **인터넷 사전에서 다음 표현을 찾아 그 의미와 활용을 익혀봅시다.**

혼나다	십상	김장	넉넉하다
일가친척	수명	어쩌다가	고르다
눈코 뜰 새 없다	포장지	MZ세대	기부 문화
보육원	양로원	사회취약계층	당사자

제 8 과 한국에서는 생일에 미역국을 먹어요

| 링크 | 생성하다 | 지인 | 공유하다 |
| 선하다 | 확산시키다 | 나눔 | 기념하다 |

1. 새로 배운 조사나 어미로 주어진 단어를 활용하여 괄호 안에 써 넣으십시오.

1) 아이들은 부모에게 (   ) 같은 잘못을 반복한다. (혼나다)

2) 별일 아니라고 생각했는데 (   ) 기분이 나쁘네. (듣다)

3) 우리는 초등학교 때부터 친하게 (   ) 사이야. (지내다)

4) 많이 아프시겠지만 (   ) 좀 드세요. (죽)

2. 괄호 안에 알맞은 단어나 표현을 써 넣으십시오.

| 이따가 | 마침 | 보통 | 무사히 | 당연히 |

1) 일이 있어서 전화하려던 참이었는데 (   ) 잘 왔다.

2) 실수를 한 사람이 (   ) 먼저 사과를 해야지요.

3) 자세한 얘기는 (   ) 하고 일단 나를 좀 도와줘.

4) 올 한 해도 (   ) 지내게 된 것을 감사하게 생각합니다.

5) 아무리 바빠도 (   ) 일주일에 두 번씩은 운동하러 갑니다.

3. 주어진 단어를 순서대로 사용하여 문장을 만드십시오.

1) 어머니 해마다 김장 넉넉하다 하다 일가친척 나눠주다

→ _____

2) 평균 수명 길어지다 60세 환갑 쇠다 사람 점점 적어지다

→ _____

3) 보통 돌잔치 환갑 정성껏 잔칫상 차리다

→ _____

4) 오랜만에 집 가다 어머니 나 좋아하다 음식들 고르다 상 올리다

→ _____

5) 요즘 시험 치르다 눈코 뜰 새 없다 바쁘다

→ _____

4. 아래의 문장에서 틀린 곳을 찾아 고치십시오.

1) 그는 실수하였고도 사과하지 않았다.

2) 잘 몰랐는데 듣고 보면 알게 되었다.

3) 명절 때면 음식을 사아 온 시장이 문을 닫았다.

5. 같이 이야기해 봅시다.

1) 생일날 먹는 음식에 대해 소개해 봅시다.

2) 중국의 돌잔치와 환갑 풍습에 대해 이야기해 봅시다.

3) 대학생들의 생일 문화에 대해 이야기해 봅시다.

6. 새로 배운 문법을 활용하여 다음 문장을 완성하십시오.

1) 가: 지군 씨는 태권도를 오래 했나 봐요.

   나: 네, 다섯살 때부터 _____.

2) 이야기를 듣고 보니 _____.

3) 내가 오랫동안 꿈꿔 온 _____.

4) 처음엔 몰랐는데 알고 보니 _____.

5) 평소에 아무런 준비도 안 하고도 _____?

6) _____고도 포기를 하지 않다니 정말 대단하네요.

7) 가방을 택시에 두고 내렸어요. _____라도 찾았으면 좋겠어요.

7. 다음 문장을 한국어로 번역하십시오.

1) 珊珊从小就开始学习芭蕾舞。

2) 从小就一直和睦相处的邻居要搬家了，真是不舍得。

3) 连续两天都没合眼，竟然还这么精神焕发，太厉害了。

4) 学韩国语已经三年了，还不能与韩国人进行简单的对话。

5) 上了公交车后才发现坐错车了，无奈之下在下一站下车后坐了出租车。

6) 本来因为朋友们丢下我一个人去逛街而心情不太好，后来才知道他们是去为我买生日礼物的。

8. 다음을 중국어로 번역하십시오.

'생일'하면 가장 먼저 생각나는 것은 무엇일까? 촛불이 활활 타오르는 케이크? 예쁜 포장지에 쌓인 선물? 신나는 생일 파티? 그런데 최근 MZ세대 사이에는 이런 선물이나 파티 대신 생일을 기회로 나보다 어려운 사람을 도와주는 기부 문화가 유행하고 있다. 이들은 보육원이나 양로원과 같은 사회취약계층을 위한 기관 외에도 환경 및 동물 보호 단체에도 기부하는데 그 방식도 다양하다. 예를 들면 생일을 맞은 당사자가 혼자 기부를 하거나 혹은 생일 기부 링크를 생성해 지인들에게 공유하여 다 같이 모금을 하기도 한다. 이는 선한 영향력을 더 재미있고 적극적으로 확산시키고 싶어하는 MZ세대들의 특성이 반영된 것이다. 나의 것을 약간 포기하는 용기, 이웃을 위하는 따뜻한 마음만 있다면 누구든지 나눔을 통해 더 의미 있고 행복한 생일을 기념할 수 있을 것이다.

9. 다음 문법을 사용하여 문장을 만드십시오.

1) 라도/이라도

2) -고도

3) -고 보니(까)

4) -아/어/여 오다

10. 다음 요구에 따라 글을 쓰십시오.

다음 내용을 포함하여 생일 문화를 소개하는 글을 쓰십시오.

1) 생일에 먹는 음식

2) 금기사항

3) 방식

4) 기타: 선물, 덕담 등

보충단어

남다	(自动)	剩下，留下，余下
문제를 풀다	(词组)	答题；解决问题
동면하다(冬眠--)	(自动)	冬眠
내내	(副)	始终，整，终，一直
경기(景氣)	(名)	景况，经济状况
불황(不況)	(名)	不景气，疲软
스파게티(spaghetti)	(名)	意大利面，细面条
죽(粥)	(名)	粥
유지하다(維持--)	(他动)	维持，保持
화(火)	(名)	火气，怒气
나다	(自动)	发，冒，起
사정(事情)	(名)	情况，原因，缘由
환불하다(還拂--)	(他动)	退钱，退款，退还，返还
우호 관계(友好關係)	(名)	友好关系
자치단체(自治團體)	(名)	自治团体（地方政府）

📋 분류단어

굽다	烤，煎
삶다	煮
데치다	开水烫
찌다	蒸
끓이다	烧开，煮开
볶다	炒
부치다	煎
튀기다	炸
무치다	凉拌
절이다	腌，腌渍
조리다	炖，熬
썰다	切，割
다지다	剁，剁碎，捣碎
자르다	切断，折断，剪断
깎다	削
프라이팬(frypan)	平底锅
굴소스(-sauce)	蚝油
후추	胡椒粉
냄비	锅
가스레인지(gas range)	燃气灶
도마	砧板

제 8 과 한국에서는 생일에 미역국을 먹어요

수저	勺子和筷子
국자	汤勺
주걱	饭铲
주전자	水壶

제 9 과
성격이 차분해서 야무지게 잘할 것 같은데요

语法概要:

-니	은/는 고사하고
-ㄴ/은 지	-나/으나 마나
-ㄴ/은 나머지	

1)

소피아: 선배, 오늘 면접을 본다고 하더니 어떻게 됐어요?

이현우: 면접은 그런대로 잘 본 것 같은데 결과는 아직 몰라.

왕산산: 아, 그러고 보니 선배 오늘 양복을 입었네요.

이현우: 평소에 안 입던 양복을 입어서 그런지 좀 불편하네.

왕산산: 선배는 키가 크고 어깨도 넓어서 양복이 참 잘 어울려요. 그런데 오늘 무슨 면접을 봤어요?

이현우: 무역회사 홍보팀에서 중국 관련 업무를 보조하는 일이야.

왕산산: 선배는 중국어도 잘하고 성격도 활달해서 홍보 일이 잘 어울릴 것 같아요.

제 9 과 성격이 차분해서 야무지게 잘할 것 같은데요

이현우: 그래? 솔직히 홍보 일은 사람들을 많이 만나고 상호 협력하는 일이 많아서 외향적인 내 적성에도 맞는 것 같기는 해. 그런데 성격이 급하고 덜렁대는 편이라 실수를 할까 봐 걱정은 돼. 그런데 산산아, 넌 아르바이트 안 하니?

왕산산: 에휴, 아르바이트는 고사하고 평소 과제 발표를 할 때도 엄청 떨어요. 선배도 알다시피 제가 좀 소심하고 자신감이 없잖아요.

이현우: 야, 너 한국말도 잘하는데 뭐가 걱정이야? 얼마든지 할 수 있어. 혹시 네가 다른 사람을 너무 의식해서 그런 거 아니야?

소피아: 그럼 산산아, 혼자서 조용히 할 수 있는 번역이나 동영상 편집 같은 일부터 해 보는 건 어때?

왕산산: 중국에서 잠깐 동영상 편집 일을 해 본 적은 있는데 한국에서도 할 수 있을까?

소피아: 너는 경험이 있는 데다가 성격도 차분해서 야무지게 잘할 것 같은데.

이현우: 마침 아는 선배가 게임회사에서 일하는데 혹시 동영상 편집 아르바이트가 필요한지 알아봐 줄게. 그리고 소피아, 너는 학생들 가르친 지 1년 넘었지?

소피아: 네, 거의 1년 반 되어 가요. 가능하면 프랑스에 돌아가기 전까지 계속 하려고요.

이현우: 너는 한국말도 잘하고 친절해서 학생들을 잘 가르칠 것 같아. 그리고 보나 마나 붙임성이 좋아서 학생들도 잘 따를 것 같고.

왕산산: 맞아요. 제가 보기에도 소피아는 성격이 밝고 긍정적이어서 학생들이 소피아한테서 좋은 에너지를 많이 받을 것 같아요.

소피아: 와, 칭찬 받으니까 기분이 좋네요! 저도 가르치는 일이 제 적성에 잘 맞는 것 같아서 졸업한 후에도 계속 학생들을 가르치고 싶어요.

이현우: 그래, 돌아가기 전까지 한국에서 학생들 가르치면서 좋은 경험 많이 쌓아. 그리고 일주일 후에 면접 결과가 나온다고 하니까 합격하면 너희들한테 맛있는 거 사 줄게.

2) 한국의 '빨리빨리' 문화

외국인들은 '한국인'하면 가장 먼저 무엇을 떠올릴까? 외국인들이 생각하는 한국인에 대한 이미지 중 하나가 바로 '빨리빨리'이다. 한국인들은 대부분 성격이 급해서 '빨리 와', '빨리 갑시다', '빨리 주세요', '빨리 해'와 같이 '빨리'라는 말을 많이 사용한다.

한국인의 이러한 급한 성격은 일상생활에서도 쉽게 찾아볼 수 있다. 예를 들면 식당에 가서 무작정 빨리 되는 것이 무엇이냐고 묻거나 자판기에서 음료가 나오기도 전에 손을 넣고 기다리기도 한다. 또한 급한 나머지 에스컬레이터에서도 걸어서 올라가거나 내려간다. 이러한 모습은 외국인에게는 낯설지만 한국인에게는 무척 익숙한 풍경이다. 이렇게 한국에서는 음식을 먹는 속도, 걷는 속도, 일하는 속도, 서비스 속도, 배달 속도 등 모든 것이 빠르다. 따라서 이러한 한국인만의 특유한 '빨리빨리' 성향은 하나의 문화로 자리를 잡게 되었다.

한국인의 '빨리빨리' 문화는 한국의 자연환경 및 역사적 배경과 깊은 관계가 있다. 한국은 전통적으로 농업사회였는데 사계절이 뚜렷하고 겨울이 길어서 계절의 변화에 따라 빨리 서두르지 않으면 농사를

제 9 과   성격이 차분해서 야무지게 잘할 것 같은데요

망칠 수 있었다. 이러한 생활 양식이 장기간 이어지다 보니 모든 일을 빨리빨리 하는 습관이 형성되었다. 그리고 1960-70년대의 속도를 강조한 성장 위주의 경제정책으로 빠른 시일 내에 큰 성과와 결과를 요구하는 사회적 분위기가 조성되면서 과정을 소홀히 하게 되었고 이는 결국 잘못된 결과를 초래하기도 하였다.

하지만 "속도가 중요한 시대에 '빨리빨리'는 한국의 경쟁력"이라고 한 미국의 저명한 미래학자 앨빈 토플러의 말처럼 '빨리빨리' 문화는 한국의 경제성장과 발전을 이끈 원동력이 되기도 하였다. 속도가 생명인 디지털 시대를 맞아 한국은 '빨리빨리' 문화에 힘입어 세계에 자랑할 만한 IT강국으로 부상하였고 새로운 기술과 디자인을 갖춘 한국의 다양한 IT제품은 세계 시장에서 경쟁력을 갖게 되었다.

새 단어

면접(面接)	(名)	面试；见面，会面
양복(洋服)	(名)	西服，西装；洋装
팀(team)	(名)	团体，团队，组，小组
업무(業務)	(名)	业务，公务，事务，任务
보조하다(補助--)	(他动)	辅助，帮助，协助
활달하다(豁達--)	(形)	豁达，大方，大度
협력하다(協力--)	(自动)	协力，协作，合作，协助
외향적(外向的)	(名/冠)	外向的
덜렁대다	(自动/他动)	冒冒失失，毛手毛脚

소심하다(小心--)	（形）	小心谨慎，小心翼翼，谨小慎微
떨다	（他动）	颤抖，发抖，抖动
의식하다(意識--)	（自动）	意识，察觉，感到，意识到
편집(編輯)	（名）	编辑
차분하다	（形）	沉静，冷静，沉稳，镇静，文静
야무지다	（形）	精明强干，成熟干练，老练
알아보다	（他动）	打听，询问，查询；调查，了解
가능하다(可能--)	（形）	可能，可以，可行
붙임성	（名）	平易近人，好说话，和蔼可亲
따르다	（他动）	跟上，跟随，跟着；依附，追随
이미지(image)	（名）	形象，印象，表象
무작정	（名/副）	无计划，无打算，盲目
자판기(自販機)	（名）	自动售货机
에스컬레이터(escalator)	（名）	电梯，自动扶梯
자리(를) 잡다	（惯用句）	安定，定居；占据，坐落；（想法）扎根
서두르다	（他动）	抓紧，赶紧，赶着，忙着
망치다(亡--)	（他动）	毁灭，败，败坏；弄坏，毁坏，破坏
생활양식(生活樣式)	（名）	生活方式
이어지다	（自动）	相接；接上，连上
시일(時日)	（名）	期限，时限，时日，时间
내(內)	（名）	（与部分表示时间或空间范围的

제 9 과   성격이 차분해서 야무지게 잘할 것 같은데요

		名词结合使用）里，内，之内
소홀히	（副）	疏忽，忽视，疏于，粗心大意
결국(結局)	（名/副）	最终，最后，终归，终于
잘못되다	（自动）	错，坏，错误，失败
초래하다(招來--)	（他动）	招致，导致，带来
원동력(原動力)	（名）	动力，原动力

 문법 설명

1. -니: 종결어미

용언의 어간에 붙어 아랫사람이나 친구와 같이 친한 사이에서 물음의 의미를 나타낸다.

아랫사람이나 친구 사이에서 질문할 때 쓰는 다른 표현으로 '-느냐'가 있는데 '-니'는 '-느냐'에 비해 덜 권위적이고 정다운 느낌을 준다. 또 다른 표현으로 '-아/어/여'가 있는데 '-아/어/여'는 매우 친분이 있는 윗사람에게도 사용할 수 있으나 '-니'와 '-느냐'는 그럴 수 없다.

예문:

(1) 그런데 산산아, 넌 아르바이트 안 하니?

　　对了，珊珊，你不做兼职吗?

(2) 너 어제 늦게까지 안 자고 뭐 했니?

　　你昨晚半夜不睡干什么呢?

(3) 수미야, 짐이 제법 무거운데 너 혼자 들 수 있겠니?

　　秀美，行李很重你一个人拎得动吗?

(4) 어제 너희 고향에도 눈이 많이 왔니?

你们家乡昨天也下了很大的雪吗?

(5) 기숙사에서 여럿이 같이 살다가 혼자 자취해 보니 어때? 무섭지 않니?

原来和很多人一起住宿舍，现在自己搬出去住感觉怎么样，不害怕吗?

2. 은/는 고사하고: 관용 표현

체언의 뒤에 붙어 앞의 것은 말할 것도 없을 만큼 불가능하거나 어려우며, 그것보다 더 쉬운 뒤 문장의 경우라도 쉽지 않다거나 혹은 그것이라도 바란다는 의미를 나타낸다.

'은/는 고사하고'는 '은/는커녕'이나 '은/는 말할 것도 없고'로 바꿔 쓸 수 있다. 다만 '은/는 말할 것도 없고'는 부정적인 상황이나 긍정적인 상황에서 모두 쓰지만, '은/는 고사하고'와 '은/는커녕'은 부정적인 상황에서만 쓰인다.

예문:

(1) 아르바이트는 고사하고 평소 과제 발표를 할 때도 엄청 떨어요.

别说兼职了，就连平时做个发表都很紧张。

(2) 생일인데 선물은 고사하고 미역국도 못 먹었다.

过生日别说礼物了，连海带汤都没吃上。

(3) 요즘 너무 바빠서 청소는 고사하고 설거지 할 시간도 없어요.

最近太忙了，别说打扫卫生了，就连刷碗都没空。

(4) 저는 김치찌개는 고사하고 라면도 끓일 줄 몰라요.

别说泡菜汤了，我连泡面都不会煮。

(5) 월급을 받았는데 이번 달에도 저축은 고사하고 생활비도 부족할 것 같아요.

工资是发了，但是这个月别说存钱了，就连生活费都不够。

3. -ㄴ/은 지: 관용 표현

동사의 어간에 붙어 어떤 일에 대한 시간의 경과를 나타낸다. 따라서 '-ㄴ/은 지 (시간이) 되다/넘다/지나다/흐르다/경과하다' 등 관용 표현으로도 많이 쓰인다.

예문:

(1) 그리고 소피아, 너는 학생들 가르친 지 1년 넘었지?

而且索菲亚，你已经教课一年多了吧？

(2) 한국에 유학 온 지 벌써 6개월이 되었네요.

到韩国留学已经6个月了。

(3) 그 소설은 읽은 지 오래 되어서 줄거리가 생각나지 않네요.

那小说读完已经很久了，故事梗概都不记得了。

(4) 세탁기를 산 지 얼마 안 되었는데 벌써 고장이 났어요.

洗衣机买了没多久就坏了。

(5) 이 건물은 준공된 지 30년이 흘러 많이 낡았다.

这栋建筑竣工已有30年，很旧了。

4. -나/으나 마나: 연결어미

동사의 어간에 붙어 어떤 행동을 하여도 안 한 것과 다르지 않음을 나타낸다. 그리고 어떤 일을 시도해 봐도 결과가 달라지지 않을 거라고 예측할 때도 사용되는데 이러한 경우에는 시도의 뜻을 나타내는 '-아/어 보다'와 결합하여 '-아/어 보나 마나'로도 사용할 수 있다.

예문:

(1) 보나 마나 붙임성이 좋아서 학생들도 잘 따를 것 같고.

你这么平易近人，学生应该也会很听你的。

(2) 오늘같이 추운 날씨에는 이 옷이 너무 얇아서 입으나 마나겠어요.

像今天这样的大冷天，穿这么薄的衣服，跟没穿没什么两样吧。

(3) 이런 의미 없는 행사는 하나 마나해요.

这种没有意义的活动，办不办都一样。

(4) 이 제안은 투표하나 마나 분명히 통과될 것이다.

这种议案投不投票都会通过的。

(5) 이 경기는 해 보나 마나 우리 팀이 틀림없이 이길 거예요.

这种比赛，无论怎么比我们队都一定会赢的。

5. -ㄴ/은 나머지: 관용 표현

용언의 어간에 붙어 어떤 행위를 하거나 어떤 상태에 이른 결과임을 나타낸다. 주로 그 행위와 상태가 무리하게 이루어져 부정적인 결과가 발생했음을 나타낸다.

관용 표현 '-ㄴ/은 나머지'는 의미가 '-ㄴ/은 결과'와 비슷하다. 그러나 '-ㄴ/은 결과'는 동사의 어간에 붙어 긍정적인 경우와 부정적인

제 9 과   성격이 차분해서 야무지게 잘할 것 같은데요

경우에 다 사용될 수 있는 반면, '-ㄴ/은 나머지'는 용언의 어간에 붙어 부정적인 경우에만 사용된다.

예문:

(1) 급한 나머지 에스컬레이터에서도 걸어서 올라가거나 내려간다.

因为性格急躁，连乘坐手扶梯时都要走着上行或下行。

(2) 수미는 대학원 입학통지서를 받고 기쁜 나머지 눈물까지 흘렸다.

秀美收到研究生录取通知书后，欢喜之余流下了幸福的眼泪。

(3) 영화가 무서워 놀란 나머지 비명까지 질렀다.

电影很恐怖，（人们）被吓到大叫起来。

(4) 나는 당황한 나머지 말을 더듬었다.

我一时慌得话都说不清了。

(5) 졸업논문 답변을 할 때 긴장한 나머지 실수를 여러 번 했다.

毕业论文答辩的时候太过紧张，接连犯了好几次错误。

연습문제

★ **인터넷 사전에서 다음 표현을 찾아 그 의미와 활용을 익혀봅시다.**

혼이 나다	당연히	이따가	김장
넉넉하다	일가친척	환갑을 쇠다	백일
습속	전래되다	생활 여건	치성을 드리다
금기 사항	순전히	출전하다	상품 후기
MBTI 검사	심리 유형 이론	바탕	직관

1. 새로 배운 조사나 어미로 주어진 단어를 활용하여 괄호 안에 써 넣으십시오.

1) 너 숙제도 안 하고 어디를 놀러 (　　　　　　)? (가다)
2) 고맙다고 (　　　　　　) 못 본 체하고 지나갔다. (인사하다)
3) 한국어를 (　　　　　　) 벌써 2년이 되어 가네요. (공부하다)
4) 이유를 (　　　　　　) 또 늦잠을 자서 지각했을 거예요. (듣다)
5) 그는 돈을 물 쓰듯이 (　　　　) 빈털털이가 되어 버렸다. (쓰다)

2. 괄호 안에 알맞은 단어나 표현을 써 넣으십시오.

참	결국	무작정	소홀히	엄청

1) 건물 임대료가 비싸지면서 가게들마다 음식 값이 (　　　　) 비싸졌다.
2) 계획도 없이 (　　　　) 일을 하면 효율이 떨어질 수 밖에 없다.
3) 젊다고 건강관리를 (　　　　) 하면 큰일난다.
4) 전염병의 확산으로 유학 계획은 (　　　　) 무산되었다.
5) 다들 바쁘실 텐데 이렇게 시간을 내어 모여 주셔서 (　　　　) 감사합니다.

3. 주어진 단어를 순서대로 사용하여 문장을 만드십시오.

1) 덜렁대다　성격　핸드폰　지갑　차　두다　내리다
　　→ _____

2) 그　덩치　크다　성격　소심하다　도전　잘　못하다
　　→ _____

제 9 과   성격이 차분해서 야무지게 잘할 것 같은데요

3) 그 일 야무지다 잘 처리하다 상사 신임 받다

→ _____

4) 돈 많이 벌다 직업 적성에 맞다 직업 찾다 행복하다

→ _____

5) 그 성격 차분하다 웬만하다 일 흥분하다

→ _____

4. 아래의 문장에서 틀린 곳을 찾아 고치십시오.

1) 철수 형, 밥 먹었니?

2) 혜진이는 영어는 고사하고 중국어도 아주 잘한다.

3) 한국에 온 지 불고기를 처음 먹었습니다.

4) 열심히 노력한 나머지 시험에 합격했다.

5. 같이 이야기해 봅시다.

1) 자신의 성격에 대해 이야기해 봅시다.

2) 자신의 적성에 맞는 직업에 대해 이야기해 봅시다.

3) 한국의 '빨리빨리' 문화에 대해 설명해 봅시다.

4) 한국의 '빨리빨리' 문화에 비추어 중국문화를 소개해 봅시다.

6. 새로 배운 문법을 활용하여 다음 문장을 완성하십시오.

1) 지금 몇 시인데 _____?

2) 이번 과제를 언제까지 _____?

3) 가: 언제부터 이 커피숍에서 아르바이트를 했어요?

　　나: _____.

4) 가: 영화 티켓을 받았다면서? 안 갈 거야?

　　나: _____나 마나 _____.

5) 가: 부모님께 자주 전화해요?

　　나: 아니요, _____ ㄴ/은 지 벌써 한 달 됐어요.

6) 합격 소식을 듣고 너무 기쁜 나머지 _____.

7) 화재 경보가 울려 놀란 나머지 _____.

8) 가: 지난번 경기 때 부상당했던 선수도 이번 경기에 출전한대요?

　　나: 아니요, 지난번에 보니까 _____은/는 고사하고

　　_____.

9) 어제 물이 안 나와서 _____은/는 고사하고

　　_____.

10) 가: 구매하기 전에 상품 후기를 읽어 보면 품질이 어떤지 대충 알 수 있을 거야.

　　나: _____ 나 마나 _____.

7. 다음 문장을 한국어로 번역하십시오.

1) 刚吃完饭没多久，现在不饿。

2) 志军最近还那么精力充沛吗?

3) 最近宣传部的业务还那么多吗?

제 9 과 성격이 차분해서 야무지게 잘할 것 같은데요

4) 如果是珊珊做的菜，肯定非常美味。

5) 不听也知道，肯定又有事情求我了。

6) 别说拿第一名了，只要及格就不错了。

7) 听到儿子出事故的消息，他吓得连话都说不出了。

8) 最近生意不太好，别说是还贷了，连利息都交不上。

8. 다음을 중국어로 번역하십시오.

심리 검사 중의 하나인 MBTI 검사는 칼 융의 심리 유형 이론을 바탕으로 개발된 것으로 인간의 심리를 크게 네 가지 기준으로 나눈다. 즉 '에너지를 어디에서 받느냐'에 따라 외향형과 내향형, '어떤 정보에 관심을 갖느냐'에 따라 감각형과 직관형, '어떻게 결정하느냐'에 따라 사고형과 감정형, '어떻게 행동하느냐'에 따라 판단형과 인식형으로 나눈다. 외향형은 다른 사람, 사물, 환경과 같은 외부에서 에너지를 얻고 사교적이며 활발한 반면 내향형은 혼자 있을 때 힘이 나고, 조용하며 신중한 편이다. 그리고 감각형은 경험을 통해 얻은 구체적인 사실을 중시하고, 직관형은 직관을 통해 얻는 의미를 중시한다. 사고형은 논리적이고 분석적으로 결정을 내리지만 감정이 풍부한 감정형은 주변과의 조화를 생각하여 결정하는 경우가 많다. 판단형은 분명한

목적과 방향이 있는 것을 선호하며, 미리 계획하고 그 계획을 잘 지키는 편이다. 하지만 인식형은 가능한 한 다양한 경험을 해 보고 싶어하며, 미리 계획하기보다는 그때그때 상황에 맞게 적응해 나가는 편이다.

9. 다음 문법을 사용하여 문장을 만드십시오.

1) -니

2) 은/는 고사하고

3) -ㄴ/은 지

4) -나/으나 마나

5) -ㄴ/은 나머지

10. 다음 요구에 따라 글을 쓰십시오.

다음 내용을 포함하여 자신의 성격을 소개하는 글을 쓰십시오.

1) 장점

2) 단점

3) 성격을 고치기 위한 노력

 보충단어

짐	（名）	行李
제법	（副）	非常，很，相当
여럿	（名）	不少，多，许多
자취하다	（自动）	自炊，自己做饭

제 9 과 성격이 차분해서 야무지게 잘할 것 같은데요

설거지	（名）	洗碗，洗餐具
자신감(自信感)	（名）	自信，信心，自信感，自信心
끓이다	（他动）	煮沸，煮开，烧开
줄거리	（名）	故事，情节；框架，梗概
세탁기(洗濯機)	（名）	洗衣机
고장(故障)	（名）	故障，毛病，问题
건물(建物)	（名）	建筑，建筑物
낡다	（形）	旧，陈旧，破旧，过时
제안(提案)	（名）	提案，提议
투표하다(投票--)	（自动）	投票
통과되다(通過--)	（自动）	通过，合格，许可
경기(競技)	（名）	竞赛，竞技，比赛
틀림없이	（副）	必然，必定，一定，肯定，毫无疑问
입학통지서(入學通知書)	（名）	录取通知书
눈물	（名）	泪，泪水，眼泪
흘리다	（他动）	流，流出，流淌
비명(悲鳴)	（名）	悲鸣，惨叫；惊叫，惊呼
지르다	（他动）	叫喊，喊叫
당황하다(唐惶--)	（自动）	惊慌，慌张，慌乱
제대로	（副）	合乎标准地，正常地，顺利地，如愿地；圆满地
답변(答辯)	（名）	答辩，答复，回答

긴장하다(緊張--)　　　　　　（自动）紧张

실수(失手)　　　　　　　　　（名）错误，失误；弄错，过失

 **분류단어**

잘생기다/못생기다	帅气，英俊/丑
체격이 좋다	体格好
덩치가 있다/크다	块头大，壮实
어깨가 좁다/넓다	肩窄/肩宽
동글동글하다	圆润，圆圆的
갸름하다/갸르스름하다	瘦长脸型
넓적하다	宽
보조개	酒窝
쌍꺼풀	双眼皮
광대뼈	颧骨
오뚝하다	挺（用来修饰鼻子的形状）
성격이 급하다/느리다	性子急/慢
적극적이다(積極的--)	积极
소극적이다(消極的--)	消极
내성적이다(內向的--)	内向
외향적이다(外向的--)	外向
소심하다(小心--)	谨小慎微，畏首畏尾，胆小
대범하다(大泛--)	宽宏大度，胆大

제 9 과 성격이 차분해서 야무지게 잘할 것 같은데요

냉정하다(冷靜--)/차갑다	冷静，冷漠，冷血/冷冰冰
자신감이 있다/없다	有信心/没信心
사교성이 있다/없다	善于社交/不善社交
배려심이 있다/깊다/없다	体贴，会体谅别人/不体谅别人
신중하다(愼重--)	慎重
자상하다(仔詳--)	细心，无微不至
다정하다/다정다감하다(多情多感--)	亲切，热情
예의가 없다/예의가 바르다	没礼貌，不文明/礼貌，得体
털털하다	洒脱，爽快
호탕하다(豪宕--)	豪爽，豪迈
활발하다(活潑--)	活泼，开朗
활동적이다(活動的--)	活跃，有活力
긍정적이다(肯定的--)	积极
부정적이다(否定的--)	消极
꼼꼼하다	仔细，细心
우유부단하다(優柔不斷--)	优柔寡断
결단력이 있다/없다	有魄力，行事果决/优柔寡断，不够果断
협동심(協同心)	协同精神，合作精神
리더십(leadership)	领导能力
자기계발(自己啓發)	提高自身素质，自我提升

제 10 과
흥부와 놀부

语法概要:

네   -게 생겼다

-고 말다   -아/어/여다(가)

-기 일쑤이다
---

1)

내레이션: 옛날 한 마을에 흥부와 놀부 두 형제가 살고 있었습니다. 형 놀부는 욕심이 많고 성격이 고약했지만 동생 흥부는 마음씨가 착했습니다. 형 놀부는 부모님의 재산을 혼자 차지한 후 동생네 식구들을 내쫓으려고 했습니다.

놀 부: (화를 버럭 내며) 너는 언제까지 내 집에서 살 생각이냐? 참 뻔뻔하기도 하구나.

흥 부: 형님, 죄송합니다. 이제 식구들을 데리고 나가서 따로 살겠습니다. 그동안 감사했습니다.

내레이션: 빈털터리로 쫓겨난 흥부는 밤낮으로 일을 하며 열심히

제 10 과 흥부와 놀부

살았지만 여전히 가난했습니다.

아 이 1: 아버지, 배가 고파요.

아 이 2: 저도 배가 고파 죽겠어요. 우리 사흘 동안 아무 것도 못 먹었잖아요.

흥　　부: 큰아버지 집에 가서 먹을 것 좀 얻어올 테니까 조금만 기다리거라.

내레이션: 말을 마친 흥부는 바로 형 놀부 집을 찾아 갔습니다.

흥　　부: (허리를 굽실거리며) 형님, 먹을 것 좀 주세요. 아이들이 굶어 죽게 생겼어요.

놀　　부: (들고 있던 빗자루로 흥부를 때리며) 뭐? 먹을 것을 달라고? 부지런히 일을 할 생각을 해야지! 여기는 왜 또 찾아왔어!

놀부 아내: (밥주걱으로 흥부의 왼쪽 뺨을 때리며) 당장 나가! 여기가 어디라고 감히……

흥　　부: (볼에 붙은 밥풀을 떼어서 먹으며) 아이고, 형수님, 고맙습니다. 그 주걱으로 이 오른쪽 뺨도 좀 때려 주세요.

놀부 아내: 뭐라고? 다시는 우리 집에 오지 말거라.

내레이션: 결국 흥부는 빈손으로 집으로 돌아갔습니다. 얼마 후 따뜻한 봄이 되자 흥부네 집에 제비들이 날아와 처마 밑에 둥지를 틀었습니다. 어느 날 큰 구렁이가 제비들을 잡아먹으려고 제비 둥지로 올라가자, 새끼 제비 한 마리가 피하다가 그만 땅에 떨어져 다리가 부러지고 말았습니다.

아　　이: 아버지, 여기 새끼 제비가 떨어졌어요.

흥　　부: 아이고, 다리를 많이 다쳤구나. 아프겠네.

(다리를 헝겊으로 싸며) 빨리 낫거라.

내레이션: 가을이 되자 제비는 강남으로 날아갔습니다.
그리고 다음 해 봄, 다시 흥부네 집을 찾아왔습니다.

제　　비: (마당을 돌면서) 지지배배! 지지배배!

아　　이: 아버지, 제비가 날아왔어요.

내레이션: 제비가 박씨를 땅에 떨어뜨리고 날아갔습니다.

흥　　부: 아니, 이건 박씨잖아.

흥부 아내: 정말 박씨네요. 우리 한번 심어 볼까요?

내레이션: 흥부와 아내는 정성스럽게 그 박씨를 심었습니다. 가을이 되어 큰 박들이 많이 열리자 흥부네 식구들은 다 같이 박을 탔습니다. 그런데 그 안에서 금은보화가 많이 나와 흥부는 큰 부자가 되었답니다.

2) 흥부와 놀부

옛날 한 마을에 형 놀부와 동생 흥부가 살고 있었다. 형 놀부는 욕심이 많고 성질이 고약하여 부모님이 남겨주신 재산을 모두 혼자 차지한 후 흥부네 식구들을 내쫓아 버렸다.

빈털터리로 쫓겨난 흥부는 나무를 해다가 팔기도 하고 남의 집일을 해 주기도 하며 열심히 살았지만 식구가 많다 보니 굶기 일쑤였다. 그러던 어느 추운 겨울날, 흥부는 먹을 것을 얻으러 형 놀부 집으로 갔는데 먹을 것을 얻기는커녕 오히려 형수에게 뺨만 맞고 쫓겨났다.

봄이 되자 제비들이 날아와 흥부네 집 처마 밑에 둥지를 틀고 살기 시작하였다. 그러던 어느 날 큰 구렁이 한 마리가 제비 둥지로 올라가

제 10 과   흥부와 놀부

새끼 제비들을 잡아먹으려 하자 흥부는 막대기로 구렁이를 쫓았다. 하지만 새끼 제비 한 마리가 그만 땅에 떨어져 다리가 부러지고 말았다. 흥부는 다친 새끼 제비의 다리를 헝겊으로 싸 주고 정성껏 돌봐주었다.

가을이 되자 제비들은 따뜻한 남쪽 나라로 날아갔다. 이듬해 봄날, 흥부가 구해 주었던 그 제비가 박씨 하나를 물고 와 흥부 집 앞에 떨어뜨리고 날아갔다. 흥부는 그 박씨를 심었는데 가을이 되자 초가 지붕에는 큰 박들이 많이 열렸다. 흥부가 죽을 끓여 먹으려고 박을 타니 그 안에서 많은 금은보화가 나왔다.

이 소문을 들은 형 놀부는 더 큰 부자가 되기 위해 처마 밑에 제비 둥지를 틀어 놓고 제비가 날아 오기만을 기다렸다. 그런데 제비가 오지 않자 제비 한 마리를 잡아서 살게 하였다. 그리고 날마다 제비가 떨어지기만을 기다렸는데 제비가 떨어지지 않아 제비 다리를 일부러 부러뜨린 후 헝겊으로 싸 주었다. 이듬해 봄이 되자 놀부는 제비가 박씨를 가져다 주기만을 눈이 빠지게 기다렸다. 드디어 제비 한 마리가 놀부 앞에 박씨를 떨어뜨리고 날아갔다. 놀부는 제비가 날아가기 무섭게 그 박씨를 심었다.

가을이 되어 놀부가 그토록 기다리던 큰 박이 열렸다. 놀부는 부자가 된다는 생각에 흥분하며 박을 잘랐는데 그 안에서는 보물 대신 방망이를 든 도깨비들이 튀어나왔다. 도깨비들은 방망이로 놀부를 마구 때리고 놀부의 재산을 모두 빼앗아 갔다.

새 단어

흥부	(人名)	兴夫
놀부	(人名)	孬夫，游夫
마음씨	(名)	心地，心眼儿，心肠
버럭	(副)	勃然，突然（大喊）
뻔뻔하다	(形)	厚脸皮，厚颜无耻
식구(食口)	(名)	家庭人口，家人
데리다	(他动)	带领，带，领
빈털터리	(名)	穷光蛋
쫓기다	(被动)	被追赶，被撵
가난하다	(形)	穷，贫穷，贫困
얻다	(他动)	获得，得到；白得，白捞，白拿
굽실거리다	(自动/他动)	点头哈腰，连连弯腰，卑躬屈膝
빗자루	(名)	扫帚
부지런하다	(形)	勤快，勤奋，勤勉
밥주걱	(名)	饭勺；饭铲，锅铲
뺨	(名)	脸蛋，腮；耳光
당장	(副)	当场，立刻，即刻，马上
볼	(名)	面颊，腮，脸蛋
밥풀	(名)	饭粒
형수	(名)	（男称）嫂子
떼다	(他动)	摘下，取下，撕下

제 10 과 흥부와 놀부

제비	（名）	燕子
처마	（名）	屋檐
둥지를 틀다	（惯用句）	安家，筑巢，搭窝
구렁이	（名）	蟒蛇
새끼 제비	（名）	小燕子，雏燕
피하다(避--)	（他动）	避，躲，躲开，逃避
부러지다	（自动）	折，断
다치다	（自动/他动）	受伤
헝겊	（名）	布，布片
돌보다	（他动）	照顾
강남(江南)	（名）	江南
물다	（他）	叼，衔
마당	（名）	院子，庭院
돌다	（自动/他动）	转，转动，旋转；围绕，转圈，绕圈
떨어뜨리다	（他动）	使……掉下，使……落下
박씨	（名）	葫芦籽
심다	（他）	种
정성스럽다(精誠---)	（形）	精诚，真诚，诚心诚意
박	（名）	葫芦
열리다	（自）	结（果实）
타다	（他动）	锯
금은보화(金銀寶貨)	（名）	金银珠宝

163

성질(性質)	（名）	本性，脾气；性质
고약하다	（形）	恶劣，可憎，可恶
차지하다	（他动）	占有，占据
내쫓다	（他动）	赶走，驱逐
일쑤	（名）	动不动就，总是，经常
막대기	（名）	棍子，杆子，竿子
초가(草家)	（名）	草房，草屋，茅屋
지붕	（名）	屋顶
일부러	（副）	故意
부러뜨리다	（他动）	折断
눈이 빠지게 기다리다	（惯用句）	盼星星盼月亮，望眼欲穿
그토록	（副）	那样，那么
흥분하다(興奮--)	（自动）	兴奋，激动
자르다	（他动）	折断，切断，剪断
방망이	（名）	棍子
도깨비	（名）	鬼怪
튀어나오다	（自动）	突然跳出，冒出
마구	（副）	胡乱，随便

 문법 설명

1. 네: 접미사

사람을 지칭하는 체언의 뒤에 붙어 그 사람이 속한 가족 따위의

무리의 뜻을 나타낸다.

예문:

(1) 형 놀부는 부모님의 재산을 혼자 차지한 후 동생네 식구들을 내쫓으려고 했습니다.

哥哥孬夫独吞了父母的财产后，试图赶走弟弟一家。

(2) 오늘은 미미 언니네 떡볶이를 소개해 드리려고 합니다.

今天想给大家介绍美美姐家的炒年糕。

(3) 이 포도는 수미네 농장에서 따온 것이다.

这些葡萄是从秀美家农场里摘来的。

(4) 부장님네 자식들은 모두 한국으로 유학을 갔다.

部长家的孩子都去韩国留学了。

(5) 이번 독서회는 철수네 집에서 하기로 했다.

大家决定这次读书会在哲洙家里办。

2. -게 생겼다: 관용 표현

용언의 어간에 붙어 어떤 행위나 상태가 부정적인 어떤 상황에 이르게 됨을 나타낸다. '-게 생겼다'는 하나의 굳은 표현이기 때문에 '-게 생긴다'나 '-게 생길 것이다' 등의 구성으로 쓸 수 없다.

예문:

(1) 아이들이 굶어 죽게 생겼어요.

孩子们快要饿死了。

(2) 어머니가 아끼던 꽃병을 깼으니 이제 혼나게 생겼다.

打碎了妈妈心爱的花瓶，看来要挨骂了。

(3) 거짓말이 들통나게 생겼다.

　　谎话要露馅儿了。

(4) 친한 친구가 멀리 이사가는 바람에 자주 못 만나게 생겼다.

　　好朋友要搬去很远的地方，不能经常见面了。

(5) 이번 일은 남몰래 조용히 진행한다는 것이 그만 발각되게 생겼다.

　　原本打算暗地里进行的事情，却要被发现了。

3. -고 말다: 관용 표현

동사의 어간에 붙어 어떠한 일이 결국 일어났음을 나타낸다. '-고 말다'는 주로 원하지 않은 일이 발생한 것에 대한 안타까운 마음을 나타낸다.

'-고 말다'는 일반적으로 '-고 말겠다'는 구성으로 쓰여 어떤 일을 이루고자 하는 말하는 사람의 강력한 의지를 나타낸다. 이 경우 말하는 사람 자신이 주어가 아니면 안 된다.

예문:

(1) 새끼 제비 한 마리가 피하다가 그만 땅에 떨어져 다리가 부러지고 말았습니다.

　　小燕子在躲避的过程中摔到地上，把腿摔折了。

(2) 지각할까 봐 뛰어가다가 결국 넘어지고 말았다.

　　因为怕迟到，所以一路跑过去，结果摔倒了。

(3) 졸업 기념으로 노트북을 사려고 했는데 생각보다 비싸서 포기하고 말았다.

　　想买一台笔记本电脑作为毕业纪念的，结果发现太贵了就放弃了。

(4) 그는 앞으로 꼭 성공하고 말겠다는 생각으로 열심히 노력하고 있다.

他抱着一定要成功的信念努力着。

(5) 다음 학기에는 꼭 장학금을 타고야 말겠다.

下学期一定要拿到奖学金。

4. -아/어/여다(가): 연결어미

동사의 어간에 붙어 앞서 어떤 행위를 하고 난 뒤에 그 결과물을 가지고 뒤의 행위를 함을 나타낸다. '-아/어/여다가'는 '-아/어/여다'로 줄여 쓸 수 있다.

예문:

(1) 빈털터리로 쫓겨난 흥부는 나무를 해다가 팔기도 하고, 남의 집일을 해 주기도 하며 열심히 살았지만 식구가 많다 보니 굶기 일쑤였다.

兴夫身无分文地被赶出家门，有时砍柴去卖，有时给别人家干活，尽管勤勤恳恳地生活，但因为家里人多，所以还是免不了经常饿肚子。

(2) 예전에는 김치를 담가 먹었는데 요즘은 사다가 먹어요.

以前是自家腌泡菜，现在是买着吃。

(3) 읽고 싶은 소설책을 구할 수 없어 친구에게서 빌려다가 읽었다.

买不到想看的小说，就从朋友那里借来读了。

(4) 과일과 음료수를 사다가 냉장고에 넣어 두었다.

买了水果和饮料回来，放进冰箱里了。

(5) 유학 신청을 위해 재학증명서를 떼다가 학과 사무실에 제출하였다.

为了申请留学，领取在读证明交给了系办公室。

5. -기 일쑤이다: 관용 표현

동사의 어간에 붙어 어떤 일이 매우 자주 있음을 나타낸다. 주로 자신의 의지에 의해서가 아니라 자연스럽게 저절로 그렇게 되는 경향이 있는 일에 대해 쓴다.

주로 부정적인 내용에 쓰고 긍정적인 내용에는 쓰지 않는다. '-기가 일쑤이다', '-기 일쑤다' 등처럼 '-기' 뒤에 조사 '가'가 붙을 수도 있고, '이다'의 '이'가 생략될 수도 있다.

예문:

(1) 빈털터리로 쫓겨난 흥부는 나무를 해다가 팔기도 하고, 남의 집일을 해 주기도 하며 열심히 살았지만 식구가 많다 보니 굶기 일쑤였다.

兴夫身无分文地被赶出家门，有时砍柴去卖，有时给别人家干活，尽管勤勤恳恳地生活，但因为家里人多，还是免不了经常饿肚子。

(2) 수미는 아침잠이 많아서 지각하기 일쑤이다.

秀美早上贪睡，所以经常迟到。

(3) 할머니는 건망증이 심해져서 물건을 잃어버리기 일쑤이다.

奶奶健忘症越来越严重了，总是丢东西。

(4) 산산 씨는 자기주장이 너무 강해서 친구들과 충돌하기 일쑤이다.

珊珊过于有主见了，总是跟朋友们闹矛盾。

(5) 저는 끈기가 없어서 다이어트에 실패하기가 일쑤예요.
　　 我毅力不足，减肥总是失败。

 연습문제

★ **인터넷 사전에서 다음 표현을 찾아 그 의미와 활용을 익혀봅시다.**

쏟아지다	줄줄이	마음을 다스리다	세월이 흐르다
억울하다	난감하다	뉘우치다	뻔뻔하다
변명하다	바퀴	누르다	차지하다
연며칠	깻잎	대책	사은품
혹하다	용하다	꼼짝없이	도포

1. 새로 배운 조사나 어미로 주어진 단어를 활용하여 괄호 안에 써 넣으십시오.

1) 폭우가 쏟아지는 바람에 항공편들이 줄줄이 (　　　　　).
 (취소되다)

2) 다이어트를 한다고 계속 굶다가 결국 (　　　　　).
 (쓰러지다)

3) 요즘 애들은 학원에 다니느라 (　　　　) 집에 놀러 갈 일이 별로 없다. (친구)

4) 방학에는 도서관에서 책을 (　　　　) 읽어야겠어요. (빌리다)

5) 마음을 다스려야지 하면서도 정작 일이 생기면 화를 (　　　　).
 (내다)

2. 괄호 안에 알맞은 단어나 표현을 써 넣으십시오.

마구	여전히	당장	버럭	따로	일부러

1) 흰 옷과 검정 옷은 (　　　) 세탁을 해야 한다.

2) 세월이 오래 흘렀지만 그 가수는 (　　　　) 팬들의 사랑을 받고 있다.

3) 친구들의 오해에 너무 억울해서 눈물이 (　　　) 쏟아졌다.

4) 자신이 잘못하고도 사과하기는 커녕 (　　　) 소리를 질렀다.

5) 직장생활에 너무 스트레스를 받아서 (　　　) 시골로 내려가 살고 싶다.

6) 이 식당은 사람들이 (　　　) 찾아서 먹는다는 맛집이다.

3. 주어진 단어를 순서대로 사용하여 문장을 만드십시오.

1) 야근하다 때 아이 데리다 가다 사람 없다 난감하다
  → _____

2) 잘못하다 뉘우치다 뻔뻔하다 변명하다 태도 화나다
  → _____

3) 머리 짧다 자르다 다르다 사람 보이다
  → _____

4) 저녁 운동장 두세 바퀴 걷다 꽤 운동 되다
  → _____

5) 우리 학교 축구팀 많다 강적들 누르다 우승 차지하다
  → _____

제 10 과   흥부와 놀부

4. 아래의 문장에서 틀린 곳을 찾아 고치십시오.

1) 더 이상 취직을 하지 않으면 당장 굶어 죽게 생긴다.

2) 혜진이가 이번 자격시험에 꼭 통과하고야 말겠다.

3) 그 사람은 착해서 칭찬받기 일쑤이다.

4) 돈을 찾다가 부모님께 드렸다.

5. 같이 이야기해 봅시다.

1) 흥부와 놀부의 이야기는 우리에게 어떤 교훈을 주는지 이야기해 봅시다.

2) 흥부와 놀부의 이야기로 역할극을 해 봅시다.

6. 새로 배운 문법을 활용하여 다음 문장을 완성하십시오.

1) 연속되는 폭우로 _____.

2) 서둘러서 공항에 갔지만 _____.

3) 오늘 아침은 늦게 일어나서_____.

4) 좀 전에 전화를 받다가 그만 _____.

5) 꽃을 사다가 _____.

6) 아무런 대책도 없이 시작하면 _____.

7. 다음 문장을 한국어로 번역하십시오.

1) 因股票大幅下跌，公司要破产了。

2) 别说是吃饱饭了，还经常饿肚子。

3) 新来的小李经常在公司熬夜加班。

4) 要完成的业务太多，今晚也得熬夜工作了。

5) 本来只是想稍微躺着休息一会儿，没想到一直睡到了早上。

6) 面试的时候太紧张了，连准备好的内容都没能回答出来，最终还是落选了。

8. 다음을 중국어로 번역하십시오.

옛날 어느 한 마을에 심학규라는 사람이 살고 있었는데 앞을 보지 못하여 마을 사람들은 그를 심 봉사라고 불렀다. 비록 그는 앞은 보지 못했지만 어질고 착한 아내 덕분에 생활에 큰 불편함이 없었다. 그런데 이 부부는 나이 마흔이 되도록 자식이 없는 것이 걱정이었다. 자식을 갖기 위해 온갖 정성을 들이며 기도를 한 끝에 결국 예쁜 딸을 품에 안게 되었다. 하지만 딸 청이가 태어난 지 얼마 되지 않아 안타깝게도 아내가 그만 세상을 떠나고 말았다. 혼자가 된 심 봉사는 동냥을 하면서 어린 딸을 힘들게 키웠다. 그러다가 세월이 흘러 열여섯 살이 된 심청은 심부름, 삯빨래, 잔칫집 음식 장만 등의 일을 가리지 않고 하면서 아버지를 정성껏 봉양하였다.

9. 다음 문법을 사용하여 문장을 만드십시오.

1) -게 생겼다

2) -고 말다

3) -아/어/여다(가)

4) -기 일쑤이다

10. 다음 글을 읽고 그 뒤의 이야기를 상상하여 쓰십시오.

바닷속 깊은 곳에 영덕전이라는 휘황찬란한 용궁을 짓고 사는 용왕이 어느 하루 병이 나 드러누워 버렸다. 신하들이 용하다는 의원들을 다 불러 보았지만 아무 소용이 없었다. 용왕은 이제 꼼짝없이 죽는구나 하며 마지막으로 하늘에 빌고 또 빌었다. 그러던 어느 날 하늘에서 오색 구름이 내려와 용궁을 뒤엎더니 도포 차림에 흰 수염을 배 위까지 드리우고 깃털 부채를 든 한 신선이 나타났다. 신선은 용왕에게 육지에 사는 토끼의 간을 구해 따뜻할 때 먹으면 낫는다고 했다. ……

 ## 보충단어

아끼다	(他动)	珍惜，爱惜；节约，节省
꽃병	(名)	花瓶
깨다	(自动/他动)	打碎，打破，摔碎，摔破；破坏，搞坏
혼나다(魂--)	(自动)	挨骂，受罚
거짓말	(名)	谎言，谎话，假话

들통나다	（自动）	暴露，揭穿，揭开
멀리	（副）	远远地，遥远地
남몰래	（副）	偷偷地，悄悄地，暗中
조용히	（副）	安静地，静悄悄地
발각되다(發覺--)	（自动）	被发觉，被发现
포기하다(抛棄--)	（他动）	抛弃，放弃，作罢
우승하다(優勝--)	（自动）	夺冠，取胜，获胜
농장(農場)	（名）	农场
따다	（他动）	采，摘，采摘
독서회(讀書會)	（名）	读书会，书友会
예전	（名）	过去，以前，往日
(김치를) 담그다	（他动）	腌制（泡菜）
재학증명서(在學證明書)	（名）	（学生）在校证明书
떼다	（他动）	开，开具
건망증(健忘症)	（名）	健忘症，健忘，记性差
심하다(甚--)	（形）	过分，过甚，严重，厉害
자기주장(自己主張)	（名）	自我主张，主见
강하다	（形）	强，强大；巨大
충돌하다(衝突--)	（自动）	冲突；碰撞，冲撞
끈기	（名）	韧性，耐性，毅力
실패하다(失敗--)	（自动）	失败

제 10 과 흥부와 놀부

분류단어

도깨비	鬼怪，妖怪
선녀와 나무꾼	仙女与樵夫
흥부와 놀부	兴夫和孬夫（游夫）
콩쥐 팥쥐	黄豆鼠和红豆鼠
견우와 직녀	牛郎织女
토끼와 거북이	龟兔赛跑
금도끼와 은도끼	金斧头银斧头
해와 달이 된 오누이(해님 달님)	化身太阳和月亮的兄妹（太阳和月亮）
효녀 심청	孝女沈清
우렁 각시	田螺姑娘
자린고비	吝啬鬼
토끼와 자라/토끼의 간/별주부전	兔子和乌龟/兔子的肝/龟主簿传
호랑이 담배 피던 시절	很久很久以前
교훈(教訓)	教训
은혜를 갚다	报恩
영리하다(怜悧--)	聪明伶俐
용맹하다(勇猛--)/용맹스럽다	英勇，骁勇
등장인물(登場人物)	故事人物，剧中人物
주인공(主人公)	主角
줄거리	情节，故事梗概

발단(發端)	开端
전개(展開)	发展，铺开
위기(危機)	危机
절정(絶頂)	高潮
결말(結末)	结尾

제 11 과
취직하면 따로 나와 사는 사람들이 많아

语法概要:

```
-기는(요)              -ㄹ/을 텐데
-대/래/ㄴ대/는대       -ㄹ/을뿐더러
-는가 하면
```

1)

소피아: 혜진아, 너희 언니 결혼식 때 너무 예쁘더라. 형부도 참 멋있고.

왕산산: 네 덕분에 한국 결혼식에도 가 보고 좋은 경험했어. 고마워.

김혜진: 고맙기는. 근데 한국 결혼식 직접 보니까 어땠어?

왕산산: 그날 너희 아버지가 편지를 읽으셨잖아. 어릴 때 추억을 하나하나 말씀하시면서 행복하게 잘 살라고 하시는데 나도 눈물이 났어.

소피아: 나는 신랑, 신부가 한복을 입고 폐백 드리는 게 너무 인상적이었어. 그런데 폐백을 드릴 때 어른들이 왜 또 돈을 줘? 축의금은 결혼식 전에 이미 줬을 텐데.

김혜진: 그건 절값이라고 하는데 축의금하고는 좀 달라. 폐백이 끝나면 신랑, 신부가 바로 신혼여행을 떠나거든. 여행 가서 맛있는 거 많이 먹고 즐겁게 놀다 오라고 어른들이 주시는 거야.

소피아: 아, 그렇구나. 그런데 너희 언니는 신혼여행에서 돌아오면 바로 시부모님 댁에 들어가 같이 사는 거야?

김혜진: 아니. 옛날에는 결혼하면 시부모님을 모시고 살았지만 지금은 보통 따로 살아. 그리고 형부는 고향이 지방이라 서울에서 직장 생활을 하면서 원래 혼자 살았어.

왕산산: 그럼 중국이랑 비슷하네. 중국도 지금은 결혼하면 다 따로 살아.

소피아: 아무래도 부모님과 같이 사는 것보다 혼자 살면 자유롭고 편하잖아.

김혜진: 응, 그래서 그런지 요즘은 부모님하고 같은 도시에 살더라도 취직하면 집을 나와 독립해서 사는 사람들이 많아.

왕산산: 아, 그래서 1인가구가 많아진다고 하는구나. 며칠 전에 뉴스에서 봤어. 그런데 가족들과 따로 살면 혹시 사이가 멀어지지 않을까?

김혜진: 물론 그럴 수도 있겠지만 혼자 사는 친구들 이야기를 들어 보면 같이 살 때보다 더 자주 연락하고 챙기게 된대.

왕산산: 맞아. 듣고 보니 그런 것 같아. 나도 중국에 있을 때보다 지금 부모님께 더 자주 연락하게 되거든. 적어도 일주일에 한 번은 꼭 연락을 드려.

소피아: 너희들 말 들으니까 나도 집 생각이 난다. 이따 전화해야지.

2) 한국의 가족 형태 변화

한국의 전통적인 가족은 조부모, 부모, 자녀 3대가 같이 사는 대가족 형태가 주를 이루었다. 대가족에서는 장남이 부모를 모시고 다른 아들은 결혼하면 분가하는 것이 보편적이었다. 그리고 아버지는 집안의 가장으로서 가족을 책임졌을뿐더러 집안에서의 권위 또한 절대적이었다. 아버지가 연로하시거나 돌아가시면 장남이 그 뒤를 이어 가장이 되었다.

그 후 1970년대 산업화 시대에 들어서면서 전통적인 대가족이 줄어들고 부부와 미혼인 자녀로만 이루어진 핵가족이 점차 늘어났다. 가장에게 절대적 권위가 있었던 대가족과 달리, 핵가족에서는 부부의 지위가 동등해졌다. 심지어 가정 경제나 자녀 교육에서 여성의 역할이 남성보다 더 커졌다. 이는 여성의 사회 활동이 증가하면서 여성의 사회적 지위와 경제력이 높아진 데다가 자녀 교육에서 차지하는 어머니의 비중이 높아졌기 때문이다.

사회가 급속하게 변화 발전하면서 새로운 가족 형태인, 혼자 사는 '일인가구'가 등장하였다. 이는 도시화가 진행되면서 취직이나 학업을 위해 일찍부터 부모와 떨어져 생활하는 자녀들이 많아졌는가 하면 또한 가치관의 변화로 개인적 삶을 추구하면서 혼자 사는 젊은 세대들도 늘어났기 때문이다.

전통적인 대가족에서 핵가족 그리고 일인가구로의 변화는 가족 구성원과 가장의 역할에 큰 변화를 가져왔다. 3대가 함께 사는 대가족에서 혼자 사는 일인가구로 구성원 수가 줄어들었고, 가장의 절대적 권위가 상대적으로 약해졌다. 비록 가족의 형태는 변했지만 한국인의 가족애는 변하지 않고 여전히 계승되고 있다.

새 단어

형부	（名）	（女称）姐夫
경험하다(經驗--)	（他动）	经历，体验
신랑(新郞)	（名）	新郎
신부(新婦)	（名）	新娘子
폐백(幣帛)	（名）	新娘给公婆的礼品；聘礼，彩礼
인상적(印象的)	（名/冠）	印象深刻的
아무래도	（副）	无论如何，反正，不管怎么样
멀어지다	（自动）	变远，渐远
챙기다	（他动）	善待，照顾，关照
가족 형태(家族形態)	（名）	家庭形态
조부모(祖父母)	（名）	祖父母
자녀(子女)	（名）	子女
주(主)	（名）	主体，根本
장남(長男)	（名）	长子，大儿子
분가하다(分家--)	（自动）	分家，分开过
보편적(普遍的)	（名）	普遍的，普遍
가장(家長)	（名）	家长，一家之主，户主，当家人
책임지다(責任--)	（他动）	负责，负责任，承担责任
권위(權威)	（名）	权威，威信

제 11 과 취직하면 따로 나와 사는 사람들이 많아

절대적(絕對的)	（名）	绝对的
연로하다(年老--)	（形）	年老，上年纪
돌아가다	（自动）	去世，过世
잇다	（他动）	继续，接着，继承
산업화(産業化)	（名）	产业化，工业化
미혼(未婚)	（名）	未婚
핵가족(核家族)	（名）	小家庭（父母与未成年子女组成的家庭）
지위(地位)	（名）	地位
동등하다(同等--)	（形）	同等，平等
심지어(甚至於)	（副）	甚至，甚至于
역할(役割)	（名）	作用，责任；角色
비중(比重)	（名）	比重，比例
급속하다(急速--)	（形）	快速，迅速
일인가구	（名）	独居家庭，单人家庭
등장하다(登場--)	（自动）	出现，问世；登场，上台
삶	（名）	生活，人生，活着
추구하다(追求--)	（他动）	追求
젊은 세대	（名）	年轻一代
구성원(構成員)	（名）	成员
상대적(相對的)	（冠/名）	相对的
약하다(弱--)	（形）	弱，薄弱，软弱；虚弱，衰弱
비록	（副）	虽然，即使，尽管

가족애(家族愛)　　　　　　（名）　　　亲情，家人之间的爱

계승되다(繼承--)　　　　　（自动）　　继承，传承

 **문법 설명**

1. -기는(요): 종결어미

　　용언의 어간에 붙어 상대방의 말을 가볍게 부정하거나 반박할 때 쓴다. 칭찬의 말에 대해 쓰면 겸손한 표현이 된다.

　　'-기는'은 '-긴'으로 줄여 쓸 수 있고, 선어말어미 '-겠-'과 함께 쓸 수 없다. 친구 관계나 아주 친한 사이에서 또는 말하는 사람보다 아랫사람에게 쓴다. 높임 표현을 나타내려면 '요'를 붙이면 된다.

예문:

(1) 고맙기는. 근데 한국 결혼식 직접 보니까 어땠어?

　　　谢什么啊。话说你亲自参加了韩国结婚典礼，觉得怎么样？

(2) 가: 발표 준비를 많이 했네요.

　　甲：报告准备得很充分啊。

　　나: 많이 하기는요. 시간이 없어서 겨우 마무리했어요.

　　乙：哪有什么充分。时间不够勉强完成的。

(3) 가: 수미 씨, 한국어를 잘하네요.

　　甲：秀美，你韩国语说得很好啊。

　　나: 잘하기는요. 겨우 인사 몇 마디 하는걸요.

　　乙：好什么啊，也就只会几句打招呼的话。

(4) 가: 수박 한 통에 35,000 원이라고요? 좀 비싼데요.

甲: 一个西瓜35000韩元吗? 有点儿贵呢。

나: 비싸기는요. 요즘 물가가 얼마나 올랐는데요.

乙: 这哪里贵了。最近物价涨了那么多。

(5) 가: 오늘 날씨가 춥지요?

甲: 最近天气很冷吧?

나: 춥기는요. 더워서 반팔을 입고 나왔는데요.

乙: 冷什么呀，太热了我都穿短袖出门。

2. -ㄹ/을 텐데: 관용 표현

용언의 어간에 붙어 어떤 사실이나 상황에 대한 말하는 사람의 강한 추측을 나타내면서 뒤이어 그와 관련되거나 반대되는 내용을 제시할 때 쓴다. 문장의 종결형처럼 쓰일 때는 말하는 사람의 추측을 나타낸다.

예문:

(1) 축의금은 결혼식 전에 이미 줬을 텐데.

礼金应该在结婚典礼之前就给了呀。

(2) 6시에 출발하면 길이 많이 막힐 텐데 30분 일찍 출발할까?

6点出发的话路上可能会很堵哦，提前30分钟出发怎么样?

(3) 학교에 도착했을 텐데 아직 연락이 없네요.

应该已经到学校了，可是还没有消息。

(4) 수미도 박물관에 안 가 봤을 텐데 같이 가자고 하자.

秀美应该也还没有去过博物馆，我们叫她一起去吧。

(5) 약이 쓸 텐데 아이가 잘 먹네요.

药应该挺苦的，孩子倒是能吃得下。

3. -대/래/ㄴ대/는대: 관용 표현 (종결형)

용언의 어간에 붙어 다른 사람에게서 들은 말을 인용하여 전달함을 나타낸다. 인용하는 말은 특정한 사람에게 들은 말일 수도 있고 일반인들이 알고 있는 사실일 수도 있다.

관용 표현 '-대/래/ㄴ대/는대'는 어미 '-ㄴ/는다'와 인용을 나타내는 '고', 동사 '하다'의 활용형 '해'가 함께 쓰인 '-는다고 해'의 줄어든 표현이다.

예문:

(1) 혼자 사는 친구들 이야기를 들어 보면 같이 살 때보다 더 자주 연락하고 챙기게 된대.

听自己住的朋友说，自己住比和家人一起住的时候更加记挂家人，会更常联系。

(2) 이번 프로젝트는 경험이 제일 많은 수미가 맡는대.

据说这次的项目由经验最丰富的秀美负责。

(3) 환경오염으로 인해 북극의 빙하가 다 녹고 있대요.

据说因为环境污染，北极的冰川都融化了。

(4) 차가 막혀 산산 씨가 좀 늦게 도착한대요.

珊珊说堵车，会晚点到。

(5) 철수 형님은 유명한 축구 선수래.

听说哲洙的哥哥是著名足球运动员。

4. -ㄹ/을뿐더러: 연결어미

용언의 어간에 붙어 어떤 사실 혹은 상황에 더하여 다른 사실 혹은 상황이 있음을 나타낸다. 보통 뒤의 상황이 더 심각하거나 정도가 더한 경우가 많다. 큰 의미 차이 없이 관용 표현 '-ㄹ/을 뿐만 아니라'로 바꿔 쓸 수 있다.

예문:

(1) 아버지는 집안의 가장으로서 가족을 책임졌을뿐더러 집안에서의 권위 또한 절대적이었다.

爸爸作为一家之长，不仅承担起了照顾一家人的责任，在家中也拥有绝对的权威。

(2) 수미는 책임감이 강할뿐더러 추진력이 있어서 일을 잘한다.

秀美不仅责任心强，执行能力也很强，很能干。

(3) 그 가수는 노래를 잘할뿐더러 악기도 잘 다룬다.

那个歌手不但歌唱得好，还很擅长乐器。

(4) 새로 생긴 제과점은 빵이 맛있을뿐더러 점원도 매우 친절하여 손님이 많다.

新开的那家面包店不仅面包味道好，店员还很亲切，客人很多。

(5) 이 자전거는 디자인이 예쁠뿐더러 가격이 저렴해서 잘 팔린다.

这辆自行车的设计很好，价格也很便宜，所以很好卖。

5. -는가 하면: 관용 표현

용언의 어간에 붙어 앞 문장과 뒤 문장의 대립된 상황을 나타내거나 앞뒤 문장을 열거하는 기능을 나타낸다.

예문:

(1) 이는 도시화가 진행되면서 취직이나 학업을 위해 일찍부터

부모와 떨어져 생활하는 자녀들이 많아졌는가 하면 또한 가치관의 변화로 개인적 삶을 추구하면서 혼자 사는 젊은 세대들도 늘어났기 때문이다.

这是因为一方面城市化的进程使得越来越多的子女由于学习和工作的原因早早地离开父母而生活，另一方面也是因为价值观的变化使得越来越多的人选择追求个人的生活而独自居住。

(2) 서울은 현대적인 도시인가 하면 또한 옛 궁궐이 많아 역사 도시로 불리기도 한다.

首尔不仅是现代的城市，也是拥有许多宫殿的历史之都。

(3) 졸업 후 학생들은 회사에 취직하는가 하면 대학원에 진학하기도 한다.

毕业后有的学生就业，有的学生读研。

(4) 우리 인생에는 행복한 순간이 있는가 하면 힘든 순간도 있기 마련이다.

我们的人生里既有甜蜜的瞬间，也有苦涩的时刻。

(5) 누구에게나 장점이 있는가 하면 단점도 있다.

一个人既有优点也有缺点。

(6) 수미는 이해심이 많은가 하면 책임감도 강하다.

秀美不仅善解人意，也很有责任心。

제 11 과 취직하면 따로 나와 사는 사람들이 많아

 **연습문제**

★ **인터넷 사전에서 다음 표현을 찾아 그 의미와 활용을 익혀봅시다.**

근무하다	연말연시	팀장	소음이 심하다
자유를 즐기다	병세	악화되다	의논하다
마음이 상하다	코를 골다	자상하다	좌절
마음놓다	옮기다	부탁하다	아예
허락	일이 닥치다	혼주	언뜻
절차	관행	예단	혼수

1. 새로 배운 조사나 어미로 주어진 단어를 활용하여 괄호 안에 써 넣으십시오.

1) 가: 하루 종일 근무하느라 몹시 피곤하겠네요.

   나: (   ). 이제는 습관이 돼서 괜찮아요. (피곤하다)

2) 요즘 연말연시라 다들 (   ) 우리는 나중에 천천히 만납시다. (바쁘다)

3) 회의 시간이 다 됐는데 팀장님은 왜 안 (   )? (오다)

4) 여기는 교통이 (   ) 소음이 심해서 살기에는 적합하지 않다. (복잡하다)

5) 지군이는 주말에 친구를 (   ) 혼자 자유를 즐기기도 한다. (만나다)

2. 괄호 안에 알맞은 단어나 표현을 써 넣으십시오.

| 왜 | 바로 | 비록 | 심지어 | 아무래도 |

1) 아직도 소식이 없는 걸 보니 (   ) 무슨 일이 생긴 것 같다.

2) 병세가 점점 악화되어서 (   ) 혼자서 마음대로 움직일 수도 없다.

3) (   ) 사소한 일이지만 서로 의논하여 결정해야 서로 마음 상하는 일이 없다.

4) 퇴근 시간이 훨씬 지났는데 (   ) 아직도 집에 안 오지?

5) 어찌나 피곤했는지 자리에 눕자마자 (   ) 코를 골기 시작했다.

3. 주어진 단어를 순서대로 사용하여 문장을 만드십시오.

1) 그 아주 자상하다 친구 생일 잘 챙기다
   → _____

2) 열심히 노력하다 이유 자신 추구하다 삶 있다
   → _____

3) 성장 과정 좌절 경험하다 나쁘다
   → _____

4) 결과 나 책임지다 마음놓다 일 진행하다
   → _____

제 11 과   취직하면 따로 나와 사는 사람들이 많아

4. 아래의 문장에서 틀린 곳을 찾아 고치십시오.

1) 옛날에는 결혼하면 시부모님을 데리고 살았다.

2) 한국어를 잘하겠기는요.

3) 제가 왜 저렇게 화를 낸대요?

4) 꽃이 예쁠뿐더러 향기가 없다.

5. 같이 이야기해 봅시다.

1) 한국의 가족 형태 변화에 대하여 설명해 봅시다.

2) 중국의 가족 형태를 소개해 봅시다.

6. 새로 배운 문법을 활용하여 다음 문장을 완성하십시오.

1) 가: 짐 옮기느라고 수고했어요. 많이 무거웠지요?

   나: _____. 괜찮았어요.

2) 가: 바쁜데 이런 일까지 부탁해서 정말 미안해요.

   나: _____. 이런 일은 얼마든지 할 수 있어요.

3) 가: 저 택시 기사가 휴대전화로 통화하면서 운전을 하네요.

   나: 그러게요. 저러다가 _____.

4) 가: 제 친구가 곧 한국에 유학을 가는데 한국어를 한 마디도 못해요.

   나: 그래요? 한국어를 아예 못하면 _____.

5) 가: 여행 가는 거 부모님께 허락 받았어요? 뭐라고 하세요?

   나: _____.

6) 가: 나도 운동을 좀 하려고 하는데 네가 다니는 헬스장 어때?

　　나: _____ㄹ/을뿐더러 _____.

7) 가: 새로 이사한 곳은 어때요?

　　나: _____.

8) 글쓰기를 _____ 말하기를 잘 하는 학생도 있다.

9) 어떤 사람은 어려운 일이 닥쳤을 때 _____는가

　　하면 _____.

7. 다음 문장을 한국어로 번역하십시오.

1) 谢什么呀，邻居之间得互相帮忙嘛！

2) 这么冷的天，还穿那么少，很可能会感冒的。

3) 没什么累的，可以交新朋友，又可以赚钱，很有成就感。

4) 他刚出院没多久，就要一个人完成这么多任务，应该会很累。

5) 朋友说现在是枫叶最漂亮的时候，约我这周去雪岳山看枫叶。

6) 选择职业时有的人比较看重薪资，有的人比较重视工作环境。

7) 这款书桌不仅设计比较特别，颜色也很好看，非常受欢迎。

8. 다음을 중국어로 번역하십시오.

사회에 따라서 개인의 결합을 강조하는가 하면 가족 간의 결합을 강조하기도 한다. 이러한 특성은 결혼 과정에서도 보여지는데 이를테면 개인의 결합을 강조하는 사회에서는 개인 간의 의사가 혼인을 결정하는 중요한 요인이 되고 혼례 절차도 상대적으로 간소하다. 반면 가족적 결합을 강조하는 사회에서는 결혼에 이르는 과정이 비교적 복잡하다. 한국의 경우에는 결혼이 개인과 개인의 결합보다는 가족과 가족의 결합에 더 가깝다. 그렇기 때문에 결혼의 중요한 의사 결정에서 양가 부모는 신랑과 신부만큼이나 중요한 역할을 한다. 따라서 결혼식 전에 먼저 양가 가족이 모여 상견례를 치르고 예단과 예물을 교환하며 신혼집과 혼수도 서로 상의하여 결정한다.

9. 다음 문법을 사용하여 문장을 만드십시오.

1) -기는(요)

2) -ㄹ/을 텐데

3) -대/래/ㄴ대/는대

4) -ㄹ/을뿐더러

5) -는가 하면

10. 가족 형태의 변화를 소개하면서 '연애와 결혼'에 관한 자신의 생각을 이야기해 봅시다.

	과거	현재
가족 형태		
가족 구성원		
가장의 역할		
가사 분담		

1) 배우자의 조건
2) 결혼의 전제
3) 결혼의 중요성

 보충단어

마무리하다	(他动)	结束，收尾，完成
겨우	(副)	好不容易，勉强
인사	(名)	问候，请安，问安，打招呼
몇	(数/冠)	多少，几；若干，一些
마디	(名)	句，句子
통	(名)	份，个，回，次
물가(物價)	(名)	物价，价格

제 11 과 취직하면 따로 나와 사는 사람들이 많아

오르다	（自动）	涨，上涨，涨价
(약이) 쓰다	（形）	（药）苦，味苦，苦涩
빙하(氷河)	（名）	冰河，冰川
추진력(推進力)	（名）	推进力，推力，推动力
디자인(design)	（名）	设计，图案，图样
저렴하다(低廉--)	（形）	低廉，便宜
팔리다	（被动）	（"팔다"的被动形态）被卖；卖出去
불리다	（被动）	（"부르다"的被动形态）被叫做，被称为
진학하다(進學--)	（自动）	升学
다루다	（他动）	办，办理，处理
(부모와) 떨어지다	（词组）	（跟父母）离，离开；掉，掉落
도시화(都市化)	（名）	城市化，都市化
학업(學業)	（名）	学业
가치관(價値觀)	（名）	价值观
세대(世代)	（名）	世代，代，辈；一代
옛	（冠）	老，旧，故，古，过去的
궁궐(宮闕)	（名）	宫，宫殿，宫廷，王宫
순간(瞬間)	（名）	瞬间，一瞬间，刹那
장점(長點)	（名）	长处，优点，优势

단점(短點)	（名）	短处，缺点，欠缺，不足
이해심(理解心)	（名）	理解之心，善解人意
책임감(責任感)	（名）	责任感，责任心

분류단어

고령화(高齡化)	老龄化
저출산(低出産)	低生育率
노후대책(老後對策)	养老保障
베이비붐(baby boom)	婴儿潮
출산율(出産率)	生育率，生育高峰
기성세대(旣成世代)	成年一代，老一代，上一辈
신세대(新世代)	新一代，新生代
MZ세대(MZ世代)	MZ世代（指1980年代至2000年代初期出生的人）
차세대(次世代)	下一代
세대차이(世代差異)	代沟，时代差异
일자리	工作，岗位
(해외)취업(就業)	（海外）就业
실업(률)(失業率)	失业（率）
창업(創業)	创业
스타트업(startup)	创客
청년(靑年)	青年

제 11 과 취직하면 따로 나와 사는 사람들이 많아

빈부차이/격차(貧富差異/隔差)	贫富差距/差距
부익부 빈익빈(富益富 貧益貧)	富者愈富，贫者愈贫
중산층(中産層)	中产阶级
서민(庶民)	老百姓，平民
기초생활(基礎生活)	基本生活
1인가구	单人家庭，独居人口
요양원(療養院)	疗养院，养老院
다문화사회(多文化社會)	多元文化社会
보이스피싱(voice fishing)	电话诈骗
개인정보유출(個人情報流出)	隐私泄露，个人信息泄露

제 12 과
한글박물관에 다녀왔어요

语法概要:

만 아니면	-ㄴ/은/는가 보다
-ㄹ/을걸	만치
-노라	-는 한

1)

피 뎅: 어제 한글박물관에 다녀왔어요. 대형 스크린에서 한글의 창제 원리와 역사를 소개하는데 신기하기도 하고 내용도 쉽게 이해되더라고요.

롱수엔: 저는 해설사의 안내에 따라 관람을 했는데 상세하게 설명도 해 주시고 또 궁금한 것도 물어볼 수 있어서 너무 좋았어요.

장지쥔: 아, 두 사람 유학생을 위한 문화 체험 프로그램에 참가했었군요. 저는 다음 주에 발표가 있어서 신청을 안 했는데 너무 아쉽네요. 발표만 아니면 저도 갔을 텐데.

롱수엔: 그랬군요. 시도 많이 전시되어 있었는데 특히 수업 시간에

　　　　　배웠던 시들이 눈에 들어오더라고요.
장지군: 우리가 배웠던 시들이 있었다고요?
롱수엔: 네, 김소월의 「진달래꽃」, 「산유화」 그리고 한용운의
　　　　「님의 침묵」도 있었어요.
장지군: 모두 <한국 현대시> 수업에서 배운 시들이네요.
피　뎅: 맞아요. 그때 우리 '진달래꽃'하고 '님'의 상징 의미에 대해
　　　　토론도 했었잖아요.
롱수엔: 지군 씨, 이 사진 한번 보세요. 「산유화」와 「님의 침묵」을
　　　　이렇게 나무로 예술품처럼 조각을 해 놓았어요. 멋있지요?
장지군: 와, 정말 예술작품이네요. 저는 한글박물관이라고 해서 그냥
　　　　한글에 대한 소개만 있는 줄 알았는데 전시 내용이 굉장히
　　　　풍부한가 봐요. 아무리 바빠도 저도 같이 갈걸 그랬어요.
피　뎅: 다음에 산산 씨랑 같이 가면 되죠. 문학작품 외에도 한글과
　　　　광고, 게임 그리고 한글도서관, 놀이터, 기념품 가게까지 있어서
　　　　정말 한번 가 볼 만해요.

2) 김소월의 「산유화(山有花)」

　김소월(1902-1934)은 한국의 대표적인 민족 시인이다. 본명은 김정식(金廷湜)이지만 호(號)인 소월(素月)로 더 널리 알려져 있다. 그는 비록 불행하고 짧은 생애를 살았지만 한국인의 전통적인 한과 슬픔의 정서를 아름다운 한국말을 사용하여 가장 한국적인 목소리로 노래하였다는 평가를 받는다. 그의 유일한 시집(詩集)인 『진달래꽃』에는 「진달래꽃」, 「산유화」, 「엄마야 누나야」,

「초혼」 등 126편의 작품이 실려 있다. 그 중 「산유화」는 내용이나 형식이 비교적 단조롭지만 김소월의 시 세계를 잘 보여주는 작품이다.

산유화(山有花)

산에는 꽃 피네

꽃이 피네.

갈 봄 여름 없이

꽃이 피네.

산에

산에

피는 꽃은

저만치 혼자서 피어 있네.

산에서 우는 작은 새여,

꽃이 좋아

산에서

사노라네.

산에는 꽃 지네

꽃이 지네.

갈 봄 여름 없이

꽃이 지네.

제 12 과   한글박물관에 다녀왔어요

　이 시는 세상 모든 곳에 가득 차 있는 근원적 외로움을 노래하고 있다. 시적 화자는 인생을 잠깐 피었다 지는 꽃에 비유하면서 외롭게 살아가는 인간의 모습을 함축적으로 표현하였다.

　제1연과 제4연에서는 꽃이 피고 지는 것을 통해 자연의 질서를 노래하였고, 제2연에서는 꽃이 '저만치 혼자서' 피어 있다고 함으로써 꽃도 시적 화자처럼 외로움을 느끼는 존재임을 밝혔다. 동시에 외롭지만 계절에 따라 변함없이 피고 지는 꽃을 통해 혼자서 씩씩하게 살아가야 하는 인간의 숙명도 표현하였다. 제3연에서의 '작은 새'는 '꽃'이 좋아서 산에서 살지만 꽃이 저만치 혼자서 피어 있는 한 외로운 존재일 수밖에 없다. 시인은 이렇게 산속의 꽃과 새가 어우러져 있는 것처럼 인간도 서로 조화를 이루며 세상을 살아가야 한다는 바람을 나타내고 있다.

　이 시에는 험난한 역사와 현실 속에서 삶의 외로움과 어려움을 참고 이겨내고자 하는 한민족의 현실 극복 의지와 정신이 잘 담겨 있다.

새 단어

스크린(screen)	（名）	屏幕，银幕，影幕
해설사(解說-)	（名）	讲解员
관람하다(觀覽--)	（他动）	观看，观赏，参观
궁금하다	（形）	疑惑，好奇
전시되다(展示--)	（自动）	被展示，被展览，被展出
눈에 들어오다	（词组）	映入眼帘

침묵	（名）	沉默，寂静，静默
조각(彫刻)	（名）	雕刻，雕塑
아쉽다	（形）	可惜，遗憾，舍不得
알려지다	（被动）	众所周知，传遍；有名，出名
불행하다(不幸--)	（形）	不幸，倒霉
생애(生涯)	（名）	生涯，生平
한(恨)	（名）	怨恨，忧愁，怨愤，遗憾
슬픔	（名）	悲伤，伤心，悲痛
정서(情緖)	（名）	情绪，心情，感情，情感
평가(評價)	（名）	评价，评估，评定，评判
시집(詩集)	（名）	诗集
단조롭다(單調--)	（形）	单调，呆板
가득	（副）	充满，满满地
차다	（自动）	充满，饱含
근원적	（名/冠）	根本的，根源的，本质的
외로움	（名）	孤独，寂寞，孤单
화자(話者)	（名）	说话者
비유하다(比喩--)	（他动）	比喻，比作
함축적(含蓄的)	（名/冠）	含蓄
지다	（自动）	枯萎，凋谢
질서(秩序)	（名）	秩序，顺序，条理
존재(存在)	（名）	存在
밝히다	（他动）	阐明，说明，表明

제 12 과   한글박물관에 다녀왔어요

변함없이(變---)	（副）	依然如故地，始终不渝地，不变地
씩씩하다	（形）	威武，勇敢，生气勃勃
숙명(宿命)	（名）	宿命，命中注定
조화(調和)	（名）	调和，和谐，协调
바람	（名）	愿望，心愿，希望，期望
나타내다	（他动）	显现，表现出
험난하다(險難--)	（形）	艰险，艰难
이겨내다	（他动）	战胜，克服
극복(克服)	（名）	克服，战胜
의지(意志)	（名）	意志，心志

 **문법 설명**

1. 만 아니면: 관용 표현

　체언의 뒤에 붙어 어떤 피할 수 없는 조건이나 이유임을 강조하여 나타낸다. 즉 어떤 경우나 상황 때문에 무엇을 하거나 하지 못했음을 나타낸다.

　예문:

(1) 발표만 아니면 나도 갔을 텐데.

　　要不是得准备报告，我也去了。

(2) 대기 오염만 아니면 이곳은 참 살기 좋은 곳이다.

　　要没有大气污染，这里挺适合居住的。

(3) 자녀 교육만 아니면 조용한 시골로 이사 갔을 텐데.

要不是考虑子女教育问题，早就搬到宁静的乡村了。

(4) 태풍만 아니면 전시회 일정이 바뀌지 않았을 거예요.

要不是因为台风，展会的日期也不会变。

(5) 연로하신 부모님만 아니면 나도 유학을 갔을 거야.

要不是因为年迈的父母，我也去留学了。

2. -ㄴ/은/는가 보다: 관용 표현

용언의 어간에 붙어 어떤 사실이나 상황으로 미루어 볼 때 그런 것 같다고 추측하는 의미를 나타낸다. '-ㄴ/은/는가 보다'는 말하는 사람의 추측을 나타내므로 '나' 혹은 '우리'가 주어로 쓰일 수 없다.

예문:

(1) 저는 한글박물관이라고 해서 그냥 한글에 대한 소개만 있는 줄 알았는데 전시 내용이 굉장히 풍부한가 봐요.

我听说是韩字博物馆，以为只是关于韩字的介绍，看来展览内容非常丰富啊。

(2) 유니폼을 입은 것을 보니 수미도 '서울의 날' 행사에 참가하는가 봐요.

看到秀美穿着制服，想必她也要参加"首尔日"活动。

(3) 콧노래를 부르는 걸 보니 무슨 좋은 일이 있는가 봐요.

看（你）哼着小曲儿，看来是有什么好事啊。

(4) 윤아 씨가 어디 아픈가 봐요. 얼굴이 너무 창백해요.

允儿看来是哪里不舒服。脸色太苍白了。

(5) 노래를 한 번 듣고도 정확하게 따라하는 걸 보니 정말 천재인가 봐요.

歌曲听一遍就能准确地唱出来，看来真的是天才。

3. -ㄹ/을걸: 종결어미

동사의 어간에 붙어 그렇게 했으면 좋았을 것이나 하지 않은 어떤 일에 대한 가벼운 뉘우침이나 아쉬움을 나타낸다.

예문:

(1) 아무리 바빠도 저도 같이 갈걸 그랬어요.

再忙我也应该去的。

(2) 작년에 건강검진을 받을걸.

去年应该去做体检的。

(3) 아까 매운탕이 매워 보여서 안 먹었는데 나도 먹어 볼걸 그랬어.

刚才看着鲜辣鱼汤很辣的样子就没吃，（早知道）应该尝尝的。

(4) 나도 너희들과 함께 역사 탐방을 갈걸.

（早知道）我也该跟你们一起去参加历史研学的。

(5) 이렇게 빨리 헤어질 줄 알았으면 옆에 있을 때 잘해 줄걸 그랬어.

早知道这么快会分手，当时在一起的时候就该对她好一些。

4. 만치: 조사

체언의 뒤에 붙어, 앞말과 비슷한 정도나 한도임을 나타낸다. '만치'는 의미 차이가 없이 '만큼'으로 바꿔 쓸 수 있다.

예문:

(1) 저만치 혼자서 피어 있네.

　　就那么独自盛放着。

(2) 올해도 작년만치 장사가 잘됐으면 좋겠다.

　　希望今年也能像去年一样生意那么好。

(3) 난 언제쯤이면 산산이만치 중국어를 유창하게 할 수 있을까?

　　我什么时候能像珊珊（说韩国语）那样把汉语说得流畅啊?

(4) 그에게는 의리가 털끝만치도 없는 것 같다.

　　他好像丝毫不讲义气。

(5) 나는 그에게 눈곱만치의 미련도 없다.

　　我对他丝毫没有留恋。

5. -노라: 종결 어미

동사의 어간에 붙어 아랫사람에게 말하는 사람이 자기의 행위를 위엄 있게 선언하거나 감동의 느낌을 나타낼 때 쓴다. 예스러운 말투로 요즘은 잘 쓰지 않고 의식이나 노래 등 특별한 경우에만 굳어진 형태로 쓰인다.

예문:

(1) 산에서 사노라네.

　　住在山里。

(2) 어제 일은 내가 이미 알고 있노라.

　　昨天的事情，我已经知道。

(3) 두 사람의 의견을 존중하겠노라.

　　我将尊重两人的意见。

(4) 어떠한 어려움에 부닥쳐도 포기하지 않겠노라고 다짐하였다.

下定决心，遇到任何困难都决不放弃。

(5) 산 정상에서 그대의 이름을 부르노라.

在山顶呼唤你的名字。

6. -는 한: 관용 표현

동사의 어간에 붙어 뒤의 행위나 상태에 대한 전제나 조건이 됨을 나타낸다.

예문:

(1) 제3연에서의 '작은 새'는 '꽃'이 좋아서 산에서 살지만 꽃이 저만치 혼자서 피어 있는 한 외로운 존재일 수밖에 없다.

第三节中"小鸟"因喜欢"花"而住在山里，但既然"花"自顾自地开着，"小鸟"就免不了是孤独的存在。

(2) 이번 행사에 저도 힘이 닿는 한 기부를 많이 하겠습니다.

这次活动我也会尽全力多捐款。

(3) 술을 끊지 않는 한 건강을 되찾을 수 없다.

不戒酒就没法恢复健康。

(4) 말만 하고 행동에 옮기지 않는 한 어떤 일에서도 성공할 수 없다.

光说不做，任何事都不可能成功。

(5) 이 과제는 한국 친구가 도와주지 않는 한 제대로 완성하기 힘들다.

这次的作业除非韩国朋友帮助，否则很难完成。

연습문제

★ 인터넷 사전에서 다음 표현을 찾아 그 의미와 활용을 익혀봅시다.

변함없이	잔	넘치다	따르다
가득	널리	단조롭다	마음이 급하다
눈에 들어오다	꽃이 지다	이치	생애
시적 화자	밝히다	언녕	말다툼
도저히	어른거리다	입김	심사

1. 새로 배운 조사나 어미로 주어진 단어를 활용하여 괄호 안에 써 넣으십시오.

　1) 영화가 이렇게 재미없을 줄 알았더라면 낮잠이나 (　　　　　).
　　 (자다)

　2) 집을 판다는 걸 보니 형편이 많이 (　　　　). (어렵다)

　3) 친구의 (　　　　) 저도 상관하지 않았을 거예요. (부탁)

　4) (　　　　) 노력해야 내가 바라는 목표에 도달할 수 있을까?
　　 (어느)

　5) 사회 생활을 (　　　　) 스트레스를 받지 않을 수 없다. (하다)

2. 괄호 안에 알맞은 단어나 표현을 써 넣으십시오.

가득　　쉽게　　많이　　변함없이

　1) 어렵다고 (　　　) 포기하면 아무 일도 해 낼 수 없다.

2) 세상이 아무리 변해도 가족은 (   ) 내 편이다.

3) 차를 따를 때 잔이 넘치도록 (   ) 따르면 안 됩니다.

4) 좋은 글을 쓰려면 경험을 (   ) 쌓아야 한다.

3. 주어진 단어를 순서대로 사용하여 문장을 만드십시오.

1) 전통문화 널리 알리다 부단히 노력하다
   → _____

2) 매일 일어나다 출근하다 시간이 되다 퇴근하다 생활 단조롭다
   → _____

3) 마음 급하다 일 눈에 들어오다
   → _____

4) 꽃 피다 지다 것 자연 이치
   → _____

4. 아래의 문장에서 틀린 곳을 찾아 고치십시오.

1) 우리가 많이 힘든가 봐요.

2) 그는 비록 불행하고 짧은 생애를 살았다.

3) 꽃이 '저만치 혼자서' 피어 있다고 함으로서 꽃도 시적 화자처럼 외로움을 느끼는 존재임을 밝혔다.

4) 한민족의 현실 극복 의지와 정신을 잘 담겨 있다.

5. 같이 이야기해 봅시다.

1) 한글박물관을 소개해 봅시다.

2) 중국의 박물관을 소개해 봅시다.

3) 좋아하는 시를 발표해 봅시다.

6. 새로 배운 문법을 활용하여 다음 문장을 완성하십시오.

1) 가: 기말고사도 끝났는데 왜 아직도 집에 안 갔어?

   나: _____만 아니면 벌써 집에 갔지.

2) 가: 이 세상에서 나만치 _____ 찾기 어려울거야.

   나: 그건 나도 알고 있지.

3) 가: 오늘이 _____. 사람들이 꽃을 많이 들고 있네요.

   나: 네, 중국은 보통 6월에 졸업식을 해요.

4) 가: 얼굴색이 안 좋네요. 어디 불편하세요?

   나: 네, 오늘 많이 피곤하네요. 어제 늦게까지 일하지 말고 _____
   _____.

5) 가: 기분이 안 좋아 보이네요. 무슨 일 있으세요?

   나: 언니랑 말다툼을 했어요. _____ ㄹ/을걸 그랬어요.

6) 가: 이 가게는 다른 가게보다 _____. 늘 손님이 많네요.

   나: _____.

7) _____는 한 그 소문을 도저히 믿을 수 없다.

8) _____는 한 언젠가는 그 꿈이 이루어질 것이다.

7. 다음 문장을 한국어로 번역하십시오.

1) 부지도那么有意思，我也去就好了。

2) 如果他不先道歉，我是绝对不会原谅他的。

3) 如果不是父母反对，我早就去当旅游摄影师了。

4) 志军好像最近比较忙，连社团活动都不来参加。

5) 没有像这里这样房费又便宜交通又便利的寄宿房了。

6) 这家餐厅好像部队汤做得不错。很多人都点了部队汤。

7) 如果没有人帮忙，我一个人绝对不可能在今天内完成任务。

8. 다음 시를 읽고 중국어로 번역하십시오.

유리창

정지용

유리에 차고 슬픈 것이 어른거린다.
열없이 붙어서서 입김을 흐리우니
길들은 양 언 날개를 파닥거린다.
지우고 보고 지우고 보아도
새까만 밤이 밀려 나가고 밀려와 부딪치고
물먹은 별이 반짝 보석처럼 박힌다.

밤에 홀로 유리를 닦는 것은
외로운 황홀한 심사이어니,
고운 폐혈관에 찢어진 채로
아아, 늬는 산새처럼 날아갔구나.

9. 다음 문법을 사용하여 문장을 만드십시오.

1) 만 아니면

2) -ㄴ/은/는가 보다

3) -ㄹ/을걸

4) 만치

5) -는 한

10. 다음 시를 모방하여 시 한 편을 써 보십시오.

먼 후일 (後日)

김소월

먼 훗날 당신이 찾으시면
그때에 내 말이 '잊었노라.'

당신이 속으로 나무라면
'무척 그리다가 잊었노라.'

그래도 당신이 나무라면
'믿기지 않아서 잊었노라.'

제 12 과 한글박물관에 다녀왔어요

오늘도 어제도 아니 잊고

먼 훗날 그때에 '잊었노라.'

보충단어

매운탕	(名)	辣味汤，鲜辣鱼汤
건강검진(健康檢診)	(名)	体检，健康检查
탐방(探訪)	(名)	探访；寻访
헤어지다	(自动)	离开，散开，分散；离别，分手
유니폼(uniform)	(名)	制服，校服；运动服，队服，团体服装
콧노래	(名)	（用鼻子）哼歌，哼唱
창백하다(蒼白)	(形)	苍白，煞白，惨白
천재(天才)	(名)	天才
태풍(颱風)	(名)	台风
일정(日程)	(名)	日程；路程，行程；议程
연로하다(年老--)	(形)	年老，年迈，上年纪，年纪大
존중하다(尊重--)	(他动)	尊重，崇尚，重视
어려움	(名)	困难，难，苦难，受苦
부닥치다	(自动)	撞上，碰到；遇到，面临（难题、反对等）
포기하다(抛棄--)	(他动)	抛弃，放弃，作罢

다짐하다	（自动）	决心，下决心，决定，承诺
정상(頂上)	（名）	山顶，顶峰，最高峰，顶
연봉(年俸)	（名）	年薪，年俸
유창하다(流暢--)	（形）	流畅，流利
의리(義理)	（名）	道义，道理；情义，情理
털끝	（名）	毛尖，毫毛；丝毫，一丁点儿
눈곱	（名）	眼屎；[喻]一点儿，一丁点儿，丝毫
미련(未練)	（名）	迷恋，留恋，依依不舍，舍不得
기부(寄附)	（名）	捐赠，捐助，认捐，捐款
되찾다	（他动）	找回，收回，取回，挽回

분류단어

문학/비문학(非文學)	文学/非文学
소설(小說)	小说
시(詩)	诗，诗歌
수필(에세이)(隨筆，essay)	随笔，散文
희곡(戲曲)	戏剧
설명문(說明文)	说明文
논설문(論說文)	议论文
비평문(批評文)	评论

제 12 과 한글박물관에 다녀왔어요

감상문(感想文)	读后感，观后感
독자(讀者)	读者
저자(글쓴이)(著者)	作者
작품(作品)	作品
고전(古典)	古典
전설(傳說)	传说
소통(疏通)	沟通
복선(伏線)	伏笔
반전(反轉)	反转
캐릭터(character)	人物，形象
장르(genre)	体裁
수사법(修辭法)	修辞法
비유법(比喩法)	比喻法
과장법(誇張法)	夸张法
형상화(形象化)	刻画，形象化
재발견(再發見)	再发现
스토리(story)	故事，情节
반복(反復)	重复
묘사하다(描寫--)	描写，叙述
베스트셀러(best seller)	畅销书

제 13 과
쓰레기 더미 속에서 살아야 할지도 몰라요

语法概要:

> -지 않으면 안 되다　　　　-ㄴ/은/는 척하다
>
> -ㅁ/음과 동시에　　　　　-다가는
>
> -려야/으려야 -ㄹ/을 수 없다　　마저

1)

교수님: 여러분, 혹시 이 사진을 본 적이 있나요?

왕산산: 아, 뉴스에서 봤어요. 바다에서 사는 동물들이 쓰레기를 먹이인 줄 알고 착각해서 먹다가 저렇게 많이 다친대요.

교수님: 네, 이건 플라스틱 빨대가 거북이 코에 박혀 있는 사진이에요. 우리가 함부로 버린 쓰레기 때문에 동물들이 너무 고통을 받고 있지요? 자, 그럼 다음 사진 볼까요?

롱수엔: 교수님, 사진이 너무 뿌예서 뭐가 뭔지 잘 모르겠어요.

소피아: 미세먼지가 심해서 앞이 안 보이는 거 아닌가요?

제 13 과   쓰레기 더미 속에서 살아야 할지도 몰라요

롱수엔: 듣고 보니 그런 것 같네요. 그런데 미세먼지가 이 정도로 심각해요?

교수님: 네. 그동안 환경을 보호하지 않고 경제적 이익만 추구하다 보니 이렇게 오염이 심각해졌어요. 여러분들 보기에도 환경문제를 시급히 해결하지 않으면 안 되겠지요? 그럼 환경보호를 위해 우리가 평소에 할 수 있는 일들에 대해 같이 이야기해 볼까요?

장지군: 저는 자동차 매연이 미세먼지의 주범이라고 생각해요. 그래서 가까운 곳은 될수록 걸어 다니고 버스로 두세 정거장 되는 거리는 자전거를 타고 다녀요.

소피아: 저는 평소에 에너지 사용을 줄이기 위해 노력하고 있어요. 예전에는 전자 기기들을 충전기에 계속 꽂아 뒀거든요. 그런데 요즘은 충전이 완료되면 바로 코드를 뽑아요. 에너지도 절약할 수 있고 미세먼지도 줄일 수 있으니까 일석이조 아닌가요?

롱수엔: 네. 그런 거 같네요. 그런데 저는 아까 코에 빨대가 꽂힌 거북이 사진을 보고 큰 충격을 받았어요. 사실 처음 한국에 왔을 때 분리배출이 익숙하지도 않고 귀찮아서 모르는 척하고 대충 버린 적도 많았거든요. 오늘 정말 많이 반성했어요. 앞으로는 일회용품 사용을 자제함과 동시에 재활용이 가능한 것은 철저하게 분리해서 버려야겠어요.

왕산산: 사실 우리가 일회용 용기와 컵, 페트병 같은 것을 분리배출하잖아요. 그런데 얼마 전에 뉴스에서 보니까 그 중에서 재활용되는 것은 겨우 30%에 불과하대요.

피 뎅: 정말요? 그것밖에 안 된대요?

교수님: 네, 산산 씨 말이 맞아요. 그러니까 쓰레기 분리배출도 중요하지만 무엇보다도 쓰레기를 줄이는 게 더 시급해요. 계속 쓰레기를 줄이지 않다가는 우리가 쓰레기 더미 속에서 살아야 할지도 몰라요.

왕산산: 그래서 저는 이렇게 늘 텀블러를 들고 다녀요. 커피숍에 가서도 일회용 컵 대신 제 텀블러에 음료를 담아 달라고 해요.

피 뎅: 저도 별건 아니지만 시장이나 슈퍼에 갈 때면 항상 장바구니를 가지고 다녀요.

교수님: 모두들 환경보호를 위해 작은 것부터 실천하고 있었네요. 환경 문제는 여러분이 잘 알고 있듯이 개인의 힘으로는 해결할래야 해결할 수 없으니까 다 같이 힘을 합쳐 노력해야 돼요. 그럼 다음 환경보호 캠페인을 소개하는 동영상을 보면서 기업과 정부에서 어떤 노력을 하고 있는지 조금 더 구체적으로 알아보도록 해요.

2) 환경보호

  과학 기술의 발달과 산업화로 우리는 주어진 자원을 활용해 보다 편리한 생활을 누릴 수 있게 되었지만 그와 동시에 자연 파괴와 환경 오염이라는 심각한 문제를 안게 되었다. 이를테면 공장과 가정에서 버리는 폐수 때문에 수질오염이 심각해져 물마저 믿고 마실 수 없는 세상이 되었고 미세먼지와 황사 때문에 공기청정기와 마스크가 필요한 시대가 되었다. 또한 무분별한 개발로 삼림과 토지, 지하자원, 수자원 등 자연자원이 크게 훼손되어 적지 않은 동식물이 멸종 위기에 치했을

제 13 과   쓰레기 더미 속에서 살아야 할지도 몰라요

뿐만 아니라 함부로 버린 쓰레기가 바다로 흘러 들어가는 바람에 거북이나 고래 등 바다 생물들이 수난을 당하는 경우도 많다.

따라서 세계 각국은 환경오염의 심각성을 깨닫고 이를 해결하기 위해 다각도로 노력하고 있다. 우선 정부와 기업은 대기오염을 줄이기 위해 전기차 산업을 육성하고 대체 에너지 개발에 힘쓰는가 하면 수질오염을 줄이기 위해 폐수 정화 시설도 확충하고 있다. 그리고 생활쓰레기를 줄이기 위해 일회용품이나 플라스틱 제품 사용을 자제하고 재활용과 분리배출을 철저하게 할 것을 강조하고 있다.

개인들도 환경보호에 적극 동참하고 있는데 예를 들면 가정에서 생활쓰레기를 줄이기 위해 노력하거나 물건을 구매할 때 땅 속에서 쉽게 분해되지 않는 플라스틱보다는 종이로 포장된 제품을 선택한다. 그리고 버리면 쓰레기이지만 누군가에게는 소중한 것이 될 수 있는 물건은 중고 거래와 같은 방식으로 나누는 사람들이 점점 늘고 있다.

환경문제는 더이상 어느 한 개인이나 특정 기업 및 지역의 문제가 아니라 전 세계적인 문제이기 때문에 모든 사람들이 다 같이 환경 보호에 나서야 한다. 다음 세대에 오염되지 않은 깨끗한 자연환경과 풍부한 자원을 물려주기 위해서라도 환경보호를 위한 우리의 노력은 부단히 지속되어야 한다.

새 단어

먹이	（名）	粮食，饲料
착각하다(錯覺--)	（自动/他动）	错觉，误会，搞错

플라스틱(plastic)	(名)	塑料，塑胶
빨대	(名)	吸管
거북	(名)	龟，乌龟
박히다	(自动)	扎进，刺进
함부로	(副)	随意，随便，胡乱
뿌옇다	(形)	灰白，灰蒙蒙
미세먼지(微細--)	(名)	微尘，雾霾
시급히(時急-)	(副)	紧急地，紧迫地，急迫地
매연(煤煙)	(名)	煤烟，黑烟，废气
주범(主犯)	(名)	主犯
전자 기기(電子機器)	(名)	电子产品，电子仪器
충전기(充電器)	(名)	充电器
완료되다(完了--)	(自动)	完毕，完成，结束
코드(code)	(名)	电源；电线
절약하다(節約--)	(他动)	节约，节省，节俭
일석이조(一石二鳥)	(名)	一石二鸟，一举两得，一箭双雕
충격(衝擊)	(名)	冲击，打击，刺激
분리(分離)	(名)	分离，分开，隔开
배출(排出)	(名)	排出，排放
귀찮다	(形)	厌烦，讨厌，烦，麻烦
반성하다	(他动)	反省，反思，检讨
일회용품(一回用品)	(名)	一次性用品
자제하다(自制--)	(他动)	自制，克制

제 13 과 쓰레기 더미 속에서 살아야 할지도 몰라요

철저하다(徹底--)	（形）	彻底，完全，全面
용기(容器)	（名）	容器
페트병(pet甁)	（名）	塑料瓶
불과하다(不過--)	（形）	不过，只不过
쓰레기 더미	（名）	垃圾堆
텀블러(tumbler)	（名）	保温杯
장바구니(場---)	（名）	菜篮子；购物车
캠페인(campaign)	（名）	活动，运动
주어지다	（自动）	既有，具有；被给予
누리다	（他动）	享受，享用，享有
폐수(廢水)	（名）	废水，污水
수질오염(水質汚染)	（名）	水质污染
공기청정기(空氣淸淨器)	（名）	空气净化器，空气过滤器
마스크(mask)	（名）	口罩
무분별하다(無分別--)	（形）	盲目，不辨对错，轻率，冲动
삼림(森林)	（名）	森林
훼손되다(毁損--)	（自动）	损害，损坏，损伤
멸종(滅種)	（名）	灭绝
고래	（名）	鲸，鲸鱼
수난(受難)	（名）	受难，受苦，苦难
당하다	（他动）	遭到，被，受，遭遇
깨닫다	（自动/他动）	认识到，意识到，觉悟，醒悟
다각도(多角度)	（名）	多角度，多方面，全面

대기오염(大氣汚染)	(名)	大气污染
전기차(電氣車)	(名)	电动汽车
육성하다(育成--)	(自动)	培养，培育
대체 에너지(代替energy)	(名)	可替代能源，新能源
폐수 정화 시설	(名)	污水净化设备
확충하다(擴充--)	(他动)	扩充
동참하다(同參--)	(自动)	共同参加，一起参加
분해(分解)되다	(自动)	（化合物）分解
중고 거래	(名)	二手交易
더이상	(副)	再也
특정(特定)	(名)	特定，一定
물려주다	(他动)	留给；传给
지속되다(持續--)	(自动)	持续，继续

 문법 설명

1. -지 않으면 안 되다 : 관용 표현

동사의 어간에 붙어 어떤 행위를 꼭 해야 함을 강조하여 나타낸다.

예문:

(1) 여러분들 보기에도 환경문제를 시급히 해결하지 않으면 안 되겠지요?

大家也觉得必须尽快解决环境问题吧?

제 13 과 쓰레기 더미 속에서 살아야 할지도 몰라요

(2) 행사장이 멀어서 지금 출발하지 않으면 안 됩니다.

活动场地太远了，现在必须出发了。

(3) 시험이 힘들기 때문에 미리 준비하지 않으면 안 된다.

考试很难，一定要提前准备。

(4) 담배와 술을 끊지 않으면 안 된다.

不戒烟戒酒不行。

(5) 이런 일에서는 경험이 많은 어른들의 말을 듣지 않으면 안 된다.

在这种事情上，必须要听从经验丰富的长辈的话。

2. -ㄴ/은/는 척하다: 관용 표현

용언의 어간에 붙어 어떤 행동을 거짓으로 그럴듯하게 꾸밈을 나타낸다.

예문:

(1) 사실 처음 한국에 왔을 때 분리배출이 익숙하지도 않고 귀찮아서 모르는 척하고 대충 버린 적도 많았거든요.

其实刚来到韩国的时候，觉得垃圾分类既不习惯、又很麻烦，所以常常假装不懂，随手就把垃圾扔掉了。

(2) 동생은 만화책을 보면서 공부를 하는 척했다.

弟弟看着漫画书假装在学习。

(3) 어릴 때 가끔 학교에 가기 싫어서 아픈 척했어요.

小时候偶尔会因不想上学而装病。

(4) 회식 자리에서 기분이 나빴지만 즐거운 척하면서 계속 앉아 있었어요.

221

聚餐的时候心情很不好，但还是假装开心地坐在了那里。

(5) 중학교 때 친구가 길에서 나를 보고도 못 본 척하고 그냥 지나갔다.

我在路上见到了初中时候的朋友，可他装作没看到我，直接走过去了。

3. -ㅁ/음과 동시에: 관용 표현

용언의 어간에 붙어 앞의 사실이나 행동을 겸함을 나타낸다.

예문:

(1) 앞으로는 일회용품 사용을 자제함과 동시에 재활용이 가능한 것은 철저하게 분리해서 버려야겠어요.

以后要减少一次性用品的使用，同时把可回收的东西彻底分好类再扔。

(2) 이 약은 통증을 제거함과 동시에 세포 재생에도 좋다.

这种药可以在减轻疼痛的同时促进细胞再生。

(3) 방학이 시작됨과 동시에 학생들이 학원으로 몰렸다.

刚开学，学生们就涌到补习班去了。

(4) 창문을 엶과 동시에 모기가 날아 들어왔다.

一开窗，蚊子就飞进来了。

(5) 버스는 문이 닫힘과 동시에 바로 출발하였다.

公交车关门就出发了。

4. -다가는: 연결어미

동사의 어간에 붙어 어떤 행동을 지속하거나 반복해서 하면 안 좋은 상황이 생길 수 있음을 나타낸다. 후행절에 '-ㄹ/을 수 있다' 혹은 '-ㄹ/을 것이다'와 같은 추측 표현이 온다.

예문:

(1) 계속 쓰레기를 줄이지 않다가는 우리가 쓰레기 더미 속에서 살아야 할지도 몰라요.

再不减少垃圾，我们就要生活在垃圾堆里了。

(2) 게임에 빠져 매일 밤을 새다가는 건강을 해칠 수 있다.

再这么继续熬夜玩游戏，身体就要毁了。

(3) 곧 졸업할 대학생이 계획없이 살다가는 나중에 후회하게 될 것이다.

（一个大学生）马上就要毕业了，还这样毫无规划，日后会后悔的。

(4) 인스턴트 식품을 이렇게 자주 먹다가는 병에 걸릴 수도 있어.

经常吃速食食品，迟早会生病。

(5) 그렇게 조급하게 서두르다가는 실수를 할지도 몰라.

那么急匆匆下去，多半要失误。

5. -려야/으려야 -ㄹ/을 수 없다: 관용 표현

동사의 어간에 붙어, 말하는 사람이 어떤 행동을 하려고 해도 다른 상황 때문에 도저히 그 행동을 할 수 없음을 나타낸다. 구어에서는 '-(으)려야' 대신 '-(으)ㄹ래야'를 사용하기도 한다.

예문:

(1) 환경문제는 여러분이 잘 알고 있듯이 개인의 힘으로는 해결할래야 해결할 수 없으니까 다 같이 힘을 합쳐 노력해야 돼요.

众所周知，环境问题不可能靠一己之力解决，必须齐心协力，共同努力。

(2) 동생이 만든 계란찜이 너무 짜서 먹으려야 먹을 수가 없네요.

弟弟做的鸡蛋羹太咸了，实在吃不下去。

(3) 그 사람은 자주 거짓말을 해서 믿으려야 믿을 수가 없다.

那个人经常说谎，根本不能信。

(4) 수미는 늘 웃는 얼굴이라 미워할래야 미워할 수가 없네요.

秀美总是笑眯眯的，让人讨厌不起来。

(5) 지리적, 역사적, 문화적으로 중국과 한국은 서로 떼려야 뗄 수 없다.

中韩两国地缘相近、历史相连、人文相亲，关系密不可分。

6. 마저: 조사

체언의 뒤에 붙어 이미 있는 상황에 그 이상의 상황이 더해짐 또는 하나 남은 마지막임을 나타낸다.

조사 '마저'는 '까지'와 바꿔 쓸 수 있는데 차이라면, '마저'는 부정적인 상황에서만 쓸 수 있고, '까지'는 긍정적인 상황과 부정적인 상황에서 모두 쓸 수 있다.

제 13 과   쓰레기 더미 속에서 살아야 할지도 몰라요

예문:

(1) 공장과 가정에서 버리는 폐수 때문에 수질오염이 심각해져 물마저 믿고 마실 수 없는 세상이 되었고 미세먼지와 황사 때문에 공기청정기와 마스크가 필요한 시대가 되었다.

我们的世界由于工厂和家庭产生的废水导致水质污染过于严重，以至于水都无法安心饮用，而雾霾和沙尘暴也使得空气净化器和口罩成了必备品。

(2) 가뭄에 강물마저 말라 버렸다.

遭遇旱灾，连江河都干涸了。

(3) 지구 온도가 2도 이상 오르면 우리의 생존마저 위태로워진다고 한다.

地球升温超过2度的话，连我们的生存都会变得岌岌可危。

(4) 이번 일로 가장 친한 친구마저 나에게 불만이 있는 것 같다.

因为这件事，好像连我最要好的朋友都对我有意见了。

(5) 회사 사정이 갑자기 어려워지자 사장님은 마지막 자존심마저 버리고 평소 사이가 좋지 않았던 지인에게까지 도움을 청했다.

公司状况急转直下，总经理连最后的自尊都不要了，甚至向平日里关系不好的熟人求助。

연습문제

★ 인터넷 사전에서 다음 표현을 찾아 그 의미와 활용을 익혀봅시다.

심판원	편파 판정	일상	얄밉다
과로사	감염병	자연재해	빈번하다
채용하다	원만하다	협조하다	취업난
단맛	동참하다	가슴에 박히다	수상자
불과하다	누리다	예민하다	고집을 부리다

1. 새로 배운 조사나 어미로 주어진 단어를 활용하여 괄호 안에 써 넣으십시오.

1) 무리한 다이어트는 오히려 건강을 해치므로 당장 (   ). (중단하다)

2) 심판원의 편파 판정에 화가 나서 (   ). (참다)

3) 아이들이 (   ) 학부모들의 힘든 일상이 시작된다. (방학하다)

4) 시험 공부를 열심히 하고도 (   ) 아이들이 제일 얄밉다. (안 하다)

5) 계속 이렇게 힘들게 (   ) 과로사할 거예요. (일하다)

6) 감염병 대유행으로 다들 힘든데 (   ) 빈번하게 일어난다. (자연재해)

제 13 과 쓰레기 더미 속에서 살아야 할지도 몰라요

2. 괄호 안에 알맞은 단어나 표현을 써 넣으십시오.

| 적극 | 더이상 | 시급히 | 부단히 | 무엇보다도 |

1) 사람을 채용함에 있어서 (   ) 인품이 가장 중요하다.

2) 원만한 행사 진행을 위해서 여러 분들께서 (   ) 협조해 주시기 바랍니다.

3) 젊은이들의 취업난을 (   ) 해결해야 사회의 안정을 추구할 수 있다.

4) (   ) 노력하는 사람만이 성공의 단맛을 볼 수 있다.

5) 음식이 정말 맛있기는 한데 배가 불러서 (   ) 못 먹겠어요.

3. 주어진 단어를 순서대로 사용하여 문장을 만드십시오.

1) 환경보호 적극 동참하다 것 우리 모두 의무

   → _____

2) 무심히 하다 말 다르다 사람 가슴 박히다 상처 주다

   → _____

3) 이번 대회 우리 학교 수상자 두 명 불과하다

   → _____

4) 우리 누리다 행복 누구 희생 이루어지다

   → _____

5) 다양하다 내용 독서 인생 도리 깨닫다

   → _____

4. 아래의 문장에서 틀린 곳을 찾아 고치십시오.

1) 운동장에서 현우를 찾을래야 찾을 수 있다.

2) 이런 속도로 일을 하다가는 금방 끝났다.

3) 현우는 공부도 잘하고 운동도 잘하는데 노래마저 잘한다.

4) 환경문제를 시급히 해결하면 안 되겠지요?

5. 같이 이야기해 봅시다.

1) '일석이조'의 뜻을 한국어로 설명해 봅시다.

2) 생활 속에서 실천할 수 있는 환경보호 방법에 대해 이야기해 봅시다.

3) 환경문제를 해결하기 위해 정부에서는 어떤 노력을 하고 있는지 찾아 봅시다.

6. 새로 배운 문법을 활용하여 다음 문장을 완성하십시오.

1) 다리가 아파서 _____.

2) 저는 좀 예민해서 _____.

3) 요즘은 아이들마저 _____.

4) 공부하는 척하면서 _____.

5) 마지막 남은 기회마저 _____.

6) 내일 중요한 일이 있어서 _____.

7) 집이 멀어서 자주 _____.

8) 계속 그렇게 고집을 부리다가는 _____.

9) 이런 식으로 계속 술을 마시다가는 _____.

10) 길에서 전에 사귀던 사람을 만났는데 _____.

제 13 과   쓰레기 더미 속에서 살아야 할지도 몰라요

7. 다음 문장을 한국어로 번역하십시오.

1) 最近生活费不够了，只能省着用。

2) 那本书内容比较难，得读两三遍才能理解。

3) 现在这里堵车，想快点去也去不了。

4) 因为不懂韩国语，想要和韩国人交流也交流不了。

5) 小时候如果不想上学，就装作生病躲在家里玩。

6) 你一直这样玩下去的话，是通过不了这次考试的。

7) 连你都不相信我，那我以后该怎么办呢?

8. 다음을 중국어로 번역하십시오.

커피전문점과 패스트푸드점의 매장 안에서 일회용 컵을 찾아볼 수 없게 된 지 두 달이 넘었다. 올해 초 자원재활용법 개정에 따른 변화이다. 매장에서 음료를 마시다가 들고 나갈 수 없게 되었다며 불편함을 토로하는 이용객도 많았고, 직원들이 매일 해야 하는 설거지의 양도 몇 배로 증가하였다. 양쪽의 불편을 감수하면서까지 이러한 정책을 시행한 이유는 단 하나, 플라스틱 소비량을 줄이기

위해서이다. 플라스틱이 지금과 같은 수준으로 소비되기 시작한 것은 불과 몇 십 년 사이의 일이다. 1933년, 현재 가장 많이 소비되는 플라스틱인 폴리에틸렌이 발견되었다. 단가가 싸고 만들기 편리하다는 이점에 힘입어 꾸준히 늘어온 플라스틱 연간 사용량은 현재 발명 초기의 200배 수준이다. 활용 분야도 다양화되어 일회용 용기부터 건축자재까지 일상생활 속에서 플라스틱이 사용되지 않는 곳을 찾기 어려운 지경에 이르렀다. 한국을 기준으로 한 사람이 하루에 360g의 플라스틱 폐기물을 배출하고 있다.

9. 다음 문법을 사용하여 문장을 만드십시오.

1) -지 않으면 안 되다

2) -ㄴ/은/는 척하다

3) -ㅁ/음과 동시에

4) -다가는

5) -려야/으려야 -ㄹ/을 수 없다

6) 마저

10. 여러분들이 알고 있는 환경정책에 대해 이야기해 봅시다.

1) 환경오염을 막기 위한 정책에는 어떤 것들이 있습니까?

대기오염	토양오염	수질오염

제 13 과 쓰레기 더미 속에서 살아야 할지도 몰라요

2) 환경보호 정책에 대한 자신의 견해를 이야기해 봅시다.

보충단어

행사장(行事場)	（名）	活动场所，活动地点
계란찜(鷄卵-)	（名）	鸡蛋羹
짜다	（形）	咸
믿다	（他动）	信，相信，信任；靠，依靠
늘	（副）	经常，常常，时常，总是
밉다	（自动）	讨厌，可恨；丑，丑陋，难看，不好看
떼다	（他动）	拆，撕；分开，断绝
통증(痛症)	（名）	痛症，病痛，疼痛
제거하다(除去--)	（他动）	除去，除掉，去掉，清除
세포(細胞)	（名）	细胞
재생(再生)	（名）	再生，复活
몰리다	（被动）	涌到，聚集
모기	（名）	蚊子
닫히다	（被动）	（"닫다"的被动形态）（门）关了，关上
가끔	（副）	偶尔，时而，有时
회식(會食)	（名）	会餐，聚餐，饭局
게임에 빠지다	（词组）	痴迷于游戏，沉迷于游戏

해치다(害--)	(他动)	危害，损害，破坏；伤害
곧	(副)	就，立刻，立即，马上
계획(計劃)	(名)	计划，规划，筹划
후회하다(後悔--)	(他动)	后悔
인스턴트식품(instant食品)	(名)	速冻食品；速食食品；即食食品
조급하다(躁急--)	(形)	急，急忙，急躁，着急，急于
서두르다	(自动)	抓紧，赶紧，赶着，忙着，赶忙
가뭄	(名)	旱，干旱，旱灾
생존(生存)	(名)	生存，存活，生活，活着
위태롭다(危殆--)	(形)	危险，危急
불만(不滿)	(名)	不满，不满足
자존심(自尊心)	(名)	自尊心
사이가 좋다	(词组)	关系好，亲近
지인(知人)	(名)	认识的人，熟人

분류단어

환경을 보호하다	保护环境
환경을 오염시키다	污染环境
대기오염(大氣汚染)	大气污染
수질오염(水質汚染)	水污染
토양오염(土壤汚染)	土壤污染
생태계를 파괴하다	破坏生态

제 13 과   쓰레기 더미 속에서 살아야 할지도 몰라요

기후변화(氣候變化)	气候变化
온난화(溫暖化)	气候变暖
이상기후(異常氣候)	异常气候
집중호우(集中豪雨)	局部地区暴雨，强降雨，连续暴雨
허리케인(hurricane)	龙卷风
엘리뇨(El Niño)	厄尔尼诺现象
태풍(颱風)	台风
해일(海溢)	海啸
미세먼지(微細--)	可吸入颗粒物，细颗粒物
황사(黃沙)	沙尘，沙尘暴
사막화(沙漠化)	荒漠化，沙漠化
화석연료(化石燃料)	化石燃料
신재생에너지(新再生energy)	新能源，可再生能源
석탄(石炭)	煤炭
석유(石油)	石油
전기(電氣)	电，电力
원자력(原子力)	核电，核能
풍력(風力)	风电，风能
태양광(太陽光)	光伏发电，太阳能
발전소(發電所)	发电厂
친환경(親環境)	环保型，绿色
분리수거(分離收去)	垃圾分类

재활용(再活用)　　　　　　　　　循环利用，回收利用
플라스틱(plastic)　　　　　　　　塑胶，塑料
숲　　　　　　　　　　　　　　森林，树林
일회용품(一回用品)　　　　　　一次性用品

제 14 과
「나의 사랑하는 생활」을 모방하여 한 편의 수필을 써 볼까요?

语法概要:

-ㄹ/을까 하다	로/으로 미루어
-는 내내	-ㄹ/을 법하다

1)

교수님: 이번 시간에는 피천득의 수필 「나의 사랑하는 생활」을 읽으면서 가장 인상 깊었던 부분에 대해 같이 이야기해 볼까 해요. 누가 먼저 발표해 볼래요?

소피아: 제가 먼저 할게요. 저는 그동안 돈이 없어서 딸과 아내에게 선물을 사 주지 못하고 친구들과도 멀어져서 미안하다고 한 부분이 마음이 아팠어요.

왕산산: 저도요. 생일날 딸에게 사 주지 못한 바지, 아내에게 사 주고 싶은 털실, 친구들과의 식사 한 끼 그리고 갖고 싶은 넥타이 몇 개…… 사실 지금 보면 모두 별게 아니잖아요. 이러한 것들로

미루어 볼 때 당시 작가의 형편이 그다지 넉넉하지 못했던 것 같아서 더 안타까운 마음이 들었어요.

피 뎅: 저는 이른 아침 종달새 소리, 봄 시냇물 흐르는 소리, 갈대에 부는 바람 소리, 바다의 파도 소리, 골목에서 나는 피아노 소리…… 이 부분을 읽는 내내 아름다운 자연의 풍경과 골목길이 눈앞에 그려지고 새 소리, 물 흐르는 소리, 바람 소리, 파도 소리가 귀에 들리는 것 같았어요.

장지군: 저는 피뎅 씨가 말한 자연의 소리도 좋았지만 비 오는 날 저녁 때 뒷골목 술집에서 나는 불고기 냄새, 책 냄새, 커피 끓이는 냄새, 봄 흙 냄새를 좋아한다고 한 부분이 기억에 남아요.

교수님: 작가가 사랑하고 소망하는 것들을 모두 잘 이해했네요. 여러분들이 금방 이야기한 것처럼 작가는 일상에서 놓칠 법도 한 아주 작고 사소한 것에서까지 아름다움과 즐거움을 발견하고 이를 친근하면서도 섬세하게 묘사하고 있어요. 또 누구나 경험하는 일상들이기 때문에 모두 쉽게 공감할 수도 있는 거고요.

소피아: 교수님 말씀을 듣고 보니 정말 그런 것 같네요. 작가가 이 수필에서 친구와 향기로운 차를 마시고 강변을 걸으면서 아이스크림을 먹는 것을 좋아한다고 했잖아요. 그런데 차를 마시고 아이스크림을 먹는 건 우리도 늘 하는 일들인데 그 순간을 아름답다거나 소중하다고 생각한 적이 별로 없었어요. 이제부터라도 일상에서 제가 좋아하는 것과 아름다운 것을 찾아봐야겠어요.

제 14 과 「나의 사랑하는 생활」을 모방하여 한 편의 수필을 써 볼까요?

교수님: 맞아요. 이 글은 각박한 현대인들에게 외부에서 즐거움을 찾을 것이 아니라 자신의 일상에서 아름다움을 찾고 즐겁게 살라는 메시지를 줘요. 작가처럼 이렇게 주변의 사소한 것들을 좋아하고 사랑하기 위해서는 자연이나 일상을 향해 마음을 열고 여유를 가져야 해요. 그럼 수필 「나의 사랑하는 생활」을 모방하여 여러분이 하고 싶은 것, 좋아하는 것, 사랑하는 것을 한 편의 글로 써 볼까요?

2) 피천득과 그의 수필

피천득(1910~2007)은 한국의 작가이자 영문학자로 많은 시와 수필을 창작하였을 뿐만 아니라 대학에서 오랫동안 영문학을 가르치면서 번역 작업도 많이 하였다. 그는 문학 창작은 물론 번역 작업을 함에 있어서도 어른과 아이들이 모두 쉽게 읽을 수 있도록 기교를 줄이고 단순하게 쓰려고 노력하였다.

피천득의 수필집으로는 『수필』, 『삶의 노래』, 『인연』, 『내가 사랑하는 시』 등이 있고, 대표작으로는 「인연」, 「수필」, 「은전 한 닢」, 「나의 사랑하는 생활」, 「서영이」 등이 있다. 피천득은 일상생활을 친근하고 섬세한 문체로 아름답게 표현하는 것으로 유명하다.

특히 「나의 사랑하는 생활」에서 피천득은 일상의 사소한 것들에서 느끼는 아름다움을 특유의 소박하면서 서정적인 언어로 표현하여 독자들의 사랑을 많이 받았다. 이 작품에서 작가는 자신이 사랑하고 소망하는 것들을 '사랑한다', '~고 싶다', '좋아한다'를 반복적으로 사용하여 독자들에게 한 편의 서정시를 읽는 듯한 느낌을 준다.

나는 우선 내 마음대로 쓸 수 있는 돈이 지금 돈으로 한 5만 원쯤 생기기도 하는 생활을 사랑한다. 그러면은 그 돈으로 청량리 위생병원에 낡은 몸을 입원시키고 싶다. 나는 깨끗한 침대에 누웠다가 하루에 한두 번씩 깨끗한 물로 목욕을 하고 싶다.

……

나는 잔디를 밟기 좋아한다. 고무창 댄 구두를 신고 아스팔트 위를 걷기를 좋아한다. 아가의 머리칼을 만지기를 좋아한다. 새로 나온 나뭇잎을 만지기를 좋아한다. 나는 아름다운 얼굴을 좋아한다. 나는 웃는 아름다운 얼굴을 더 좋아한다. 그러나 수수한 얼굴이 웃는 것도 좋아한다. 서영이 엄마가 자기 아이를 바라보고 웃는 얼굴도 좋아한다.

……

나의 생활을 구성하는 모든 작고 아름다운 것들을 사랑한다. 여러 사람을 좋아하며 아무도 미워하지 아니하며, 몇몇 사람을 사랑하며 살고 싶다. 그리고 나는 점잖게 늙어 가고 싶다. 내가 늙고 서영이가 크면 눈 내리는 서울 거리를 같이 걷고 싶다.

……

이 외에도 작가는 가을 하늘, 늙어가는 학자의 희끗한 머리칼, 바람 소리, 파도 소리, 귓속말하는 딸 서영이의 말소리 등을 좋아한다고 하였다. 이와 같이 작가가 좋아하고 소망하는 것들은 하나같이 거창한 것이 아니고 누구나 생활 속에서 쉽게 만날 수 있는 아주 소박하고 평범한 것들이다. 이렇게 피천득은 일상 생활에서 소홀하게 지나치거나

제 14 과 「나의 사랑하는 생활」을 모방하여 한 편의 수필을 써 볼까요?

하찮게 여길 수 있는 아주 사소한 것들에 아름다움을 느끼며 생활을 사랑하였는데 이를 섬세하고 부드러운 어조로 표현함으로써 잔잔하면서도 깊은 여운을 남겼다. 따라서 수필 「나의 사랑하는 생활」은 서정적·명상적 수필의 대표작으로 평가받을 뿐만 아니라 한국 현대 수필의 새로운 지평을 열어놓았다는 호평을 받고 있다.

새 단어

털실	（名）	毛线
넥타이(necktie)	（名）	领带，领结
미루다	（他动）	推断，类推，推导
그다지	（副）	（与否定词搭配）不怎么，并不那么，并不怎么
안타깝다	（形）	惋惜，难过
종달새	（名）	云雀
시냇물	（名）	溪水，溪流
갈대	（名）	芦苇
파도(波濤)	（名）	浪涛，波浪
골목	（名）	胡同，小巷，巷子
눈앞에 그려지다	（词组）	呈现在眼前
냄새	（名）	气味；气息，味道
일상(日常)	（名）	日常，平常，经常
놓치다	（他动）	错过，失去；没能做到

사소하다(些少--)	（形）	琐碎，细小，细微
친근하다(親近--)	（形）	亲近，亲密，亲切
묘사하다(描寫--)	（他动）	描写，描绘，描述
공감하다(共感--)	（他动）	产生共鸣，有同感，认同，赞同
향기롭다(香氣--)	（形）	芬芳，芳香，馨香
각박하다(刻薄--)	（形）	刻薄，无情，冷漠
외부(外部)	（名）	外部，外面
마음을 열다	（惯用句）	敞开心扉，敞开思想
모방하다(模倣--)	（他动）	模仿，效仿
창작하다(創作--)	（他动）	创作
작업(作業)	（名）	劳动，工作，作业
기교(技巧)	（名）	技巧，妙招
은전(銀錢)	（名）	银钱，银币
문체(文體)	（名）	体裁；风格，文体
소박하다(素朴--)	（形）	朴素，简朴
반복적(反復的)	（名/冠）	反复的，重复的
서정시(抒情詩)	（名）	抒情诗
잔디	（名）	草皮；草地，草坪
고무창	（名）	橡胶鞋底
대다	（他动）	贴，贴上
머리칼	（名）	头发，发丝，毛发
수수하다	（形）	普通，平凡，一般

제 14 과 「나의 사랑하는 생활」을 모방하여 한 편의 수필을 써 볼까요?

구성하다(構成--)	(他动)	构成，组成
점잖다	(形)	斯文，文雅，高雅，稳重
희끗하다	(形)	斑白，花白
귓속말	(名)	耳语，悄悄话
거창하다(巨創--)	(形)	宏伟，宏大，庞大，巨大
소홀하다(疏忽--)	(形)	疏忽，忽略，忽视，大意
지나치다	(他动)	放过，忽视，无视
하찮다	(形)	不怎么好，不怎么样，一般
어조(語調)	(名)	语调，语气
잔잔하다	(形)	平静；安静，宁静
여운(餘韻)	(名)	余韵，余味，回味
명상적(瞑想的)	(名/冠)	冥想的，沉思的
지평(地平)	(名)	新的一页，新纪元，新篇章
열다	(他动)	打开，揭开，开启
호평(好評)	(名)	好评

 문법 설명

1. -ㄹ/을까 하다: 관용 표현

'-ㄹ/을까 하다'는 연결어미 '-ㄹ/을까'에 보조 용언 '하다'가 결합된 관용 표현으로 주로 말하는 사람의 생각이나 의도 그리고 계획을 나타낸다.

예문:

(1) 이번 시간에는 피천득의 수필 「나의 사랑하는 생활」을 읽으면서 가장 인상 깊었던 부분에 대해 같이 이야기해 볼까 해요.
这堂课我想和大家一起讨论，读皮千得的随笔《我热爱的生活》后印象最深刻的部分。

(2) 이번 겨울 방학에는 친구들과 강원도로 배낭여행을 떠날까 해.
这次寒假打算和朋友一起去江原道进行背包旅行。

(3) 저는 졸업하면 바로 취직할까 합니다.
我打算毕业后直接找工作。

(4) 이번 기회에 테니스를 한번 배워 볼까 하는데.
趁着这次机会打算学一下网球。

(5) 네가 시간이 되면 점심이나 같이 먹을까 했어.
你有时间的话，要不要一起吃个午饭。

2. 로/으로 미루어: 관용 표현

체언의 뒤에 붙어 이미 알려진 것으로부터 다른 것을 짐작함을 나타낸다.

예문:

(1) 이러한 것들로 미루어 볼 때 당시 작가의 형편이 그다지 넉넉하지 못했던 것 같아서 더 안타까운 마음이 들었어요.
从这些事可以看出作者当时并不富裕，想到这里就更觉得心痛了。

(2) 메일의 내용으로 미루어 보아 그녀는 이미 서울을 떠난 것으로

제 14 과 「나의 사랑하는 생활」을 모방하여 한 편의 수필을 써 볼까요?

짐작된다.

从信件内容来看她应该已经离开首尔了。

(3) 여러 가지 상황으로 미루어 볼 때 이것이 최선의 선택이다.

综合多种情况来看，这是最优选择。

(4) 집이 깨끗한 것으로 미루어 보아 주인의 성격이 아주 깔끔할 것 같다.

从家中整洁的程度来看，主人一定很爱干净。

(5) 지난번 인터뷰 때 총장님이 하신 말씀으로 미루어 보아 올해도 외국인 유학생이 늘 것으로 예상된다.

从上次采访时校长说的话来看，今年外国留学生预计也会增加。

3. -는 내내: 관용 표현

동사의 어간에 붙어 어떤 행위나 동작이 처음부터 끝까지 계속됨을 나타낸다.

예문:

(1) 이 부분을 읽는 내내 아름다운 자연의 풍경과 골목길이 눈앞에 그려지고 새 소리, 물 흐르는 소리, 바람 소리, 파도 소리가 귀에 들리는 것 같았어요.

每每读到这里，我都会觉得眼前浮现出美丽的自然风光和一条小道，鸟鸣声、水流声、风声、海浪声在我的耳边萦绕。

(2) 버스를 타고 돌아오는 내내 대회에서 있었던 일들이 머리 속에서 맴돌았다.

坐公交车回来的路上，我脑海里一直浮现着大会上发生的事情。

(3) 오늘 졸업사진을 촬영하는 내내 학생들의 웃음소리가 끊이지 않았다.

今天拍毕业照的时候，学生们的笑声一直未停过。

(4) 형은 대학교를 다니는 내내 장학금을 받았다.

哥哥上大学期间一直拿奖学金。

(5) 우리는 콘서트를 보는 내내 노래를 따라 불렀는가 하면 환호성도 질렀다.

我们看演唱会的时候，不停地在跟唱或欢呼。

4. -ㄹ/을 법하다: 관용 표현

동사의 어간에 붙어 말하는 사람이 어떤 상황이나 사실에 대해 생각해 보니 그럴 만하거나 그럴 만한 이유가 있어 보임을 나타낸다.

예문:

(1) 작가는 일상에서 놓칠 법도 한 아주 작고 사소한 것에서까지 아름다움과 즐거움을 발견하고 이를 친근하면서도 섬세하게 묘사하고 있어요.

日常生活里有很多琐碎的事情容易被忽略，可作家却从中发现了美丽和喜悦，并将其亲切而详细地描写出来。

(2) 어떻게 그럴 수가 있을까 했는데 설명을 듣고 보니 그랬을 법하네요.

本想说怎么会有这种事，听完你的解释后想想还真的有可能发生。

(3) 그동안 무리했으니 병이 날 법도 하지.

最近确实有点忙过头了，难怪会生病。

제 14 과 「나의 사랑하는 생활」을 모방하여 한 편의 수필을 써 볼까요?

(4) 오늘 모임에 한 시간이나 늦었다니 정말 화가 날 법도 하네요!

今天聚会迟到了1个小时，你们生气是应该的！

(5) 내가 귀찮게 해서 싫어할 법도 한데 룸메이트는 항상 나를 챙겨 준다.

我总是麻烦舍友，被人嫌弃都不奇怪，可她却还一直照顾我。

 연습문제

★ 인터넷 사전에서 다음 표현을 찾아 그 의미와 활용을 익혀봅시다.

끼	분명히	졸리다	혼나다
지경	그다지	선호하다	SNS
덕분	연락이 닿다	때로	기회를 잡다
놓치다	소용이 없다	하찮게 여기다	감상
옷차림	애니메이션	풋풋하다	아련하다

1. 새로 배운 조사나 어미로 주어진 단어를 활용하여 괄호 안에 써 넣으십시오.

1) 하루 종일 다음 끼에는 뭘 (　　) 하는 걱정을 한다. (먹다)

2) 지금까지 그가 보여준 (　　) 이번 일도 분명히 잘 해낼 것이다. (믿음)

3) 어제 밤을 새웠더니 (　　) 졸려서 혼났다. (수업하다)

4) 일이 이 지경이면 화를 (　　) 아직은 조용하다. (내다)

2. 괄호 안에 알맞은 단어나 표현을 써 넣으십시오.

> 늘   그다지   아무도   오랫동안

1) 나는 이런 스타일의 옷을 (   ) 선호하지 않는다.
2) 퇴근 후에는 (   ) 강변에서 가볍게 산책을 하곤 한다.
3) SNS 덕분에 (   ) 연락이 닿지 않던 동창생을 찾아냈다.
4) 때로는 (   ) 모르는 곳에 혼자 조용히 있고 싶다.

3. 주어진 단어를 순서대로 사용하여 문장을 만드십시오.

1) 여러 가지 일 미루어 혜진이 요즘 무슨 일 있다
   → _____

2) 열심히 노력하다 취직하다 친구 보다 정말 안타깝다
   → _____

3) 기회 오다 때 잡다 놓치다 후회하다 아무 소용이 없다
   → _____

4) 어떤 경우 사람 생명 하찮다 여기다 안 되다
   → _____

4. 아래의 문장에서 틀린 곳을 찾아 고치십시오.

1) 그동안 돈이 없어서 딸과 아내에게 사 주지 못한 선물이 사실 지금 보면 모두 별게잖아요.

2) 작가의 형편이 그다지 넉넉한 것 같아서 더 안타까운 마음이

제 14 과 「나의 사랑하는 생활」을 모방하여 한 편의 수필을 써 볼까요?

들었어요.

3) 새 소리, 물 흐르는 소리, 바람 소리, 파도 소리가 귀에 듣는 것 같았어요.

5. 같이 이야기해 봅시다.

1) 수필 「나의 사랑하는 생활」을 읽고 감상을 이야기해 봅시다.

2) 자신의 생활 속에서 사소하지만 소중한 것이 무엇인지 이야기해 봅시다.

3) 가장 인상 깊게 읽었던 수필을 소개해 봅시다.

6. 새로 배운 문법을 활용하여 다음 문장을 완성하십시오.

1) 가: 왜 이사를 가려고 하세요?

　 나: _____.

2) 가: 이번 연휴에 뭐 할 거예요?

　 나: _____.

3) 회의를 하는 내내 _____.

4) 같이 밥 먹는 내내 _____.

5) 옷차림으로 미루어 보아 _____.

6) 이번 연구 결과로 미루어 보아 _____.

7) 대학생이면 기본적인 예의는 지킬 법도 한데 _____.

7. 다음 문장을 한국어로 번역하십시오.

1) （他）吃完早饭很早就出发了，现在也应该到了。

2) 今天晚上打算去吃参鸡汤，要不要一起去？

3) 根据公开的信息可以推断这次灾情非常严重。

4) 现在住的地方周边有点吵，打算搬到安静点的地方。

5)（他）家境不太好，上大学的时候一直都在做兼职赚学费。

8. 다음을 중국어로 번역하십시오.

　　황순원 작가의 대표작이자 한국인이 사랑하는 국민 소설 「소나기」를 원작으로 한 애니메이션 「소나기」가 개봉을 확정하며 시골 소년과 도시 소녀의 풋풋한 모습을 담은 티저 포스터를 공개했다. 섬세하고 사려 깊은 작화로 누구나 한번쯤 겪어 보았을 첫사랑의 원형을 그려내 관객들에게 옛 추억을 자연스레 떠올리게 하여 아련한 감동을 선사할 예정이다. 어린 세대에게는 풋풋한 첫사랑의 감성을 전하며, 전 세대가 '첫사랑'이라는 공감대로 함께 하게 되는 소중한 연결고리가 될 예정이다. 개봉 확정 소식과 함께 공개된 티저 포스터 2종은 들풀 밭을 헤치며 내달리고 있는 달뜬 소년의 모습과 누군가를 기다리는 듯 뒤를 돌아보는 수줍은 소녀의 얼굴을 담고 있어 궁금증을 자아낸다. 또한 '기억하나요?'라는 카피가 함께 어우러진 푸르른 여름 하늘과 싱그러운 들꽃, 맑은 개울가와 돌다리의 풍경은 개울가 물보라 같은 두근거림을 한눈에 들여다보게 한다.

제 14 과 「나의 사랑하는 생활」을 모방하여 한 편의 수필을 써 볼까요?

9. 다음 문법을 사용하여 문장을 만드십시오.

1) -ㄹ/을까 하다

2) 로/으로 미루어

3) -는 내내

4) -ㄹ/을 법하다

10. 여러분이 하고 싶은 것, 좋아하는 것, 사랑하는 것을 아래 표에 작성한 후, 수필 「나의 사랑하는 생활」을 모방하여 한 편의 수필을 쓰십시오.

제목	
하고 싶은 것	
좋아하는 것	
사랑하는 것	

 보충단어

인상(이) 깊다	(惯用句)	留下深刻印象, 印象深刻
넉넉하다	(形)	足够, 充足, 充分; (日子过得) 宽裕, 富裕, 富足, 丰裕
짐작되다(斟酌--)	(自动)	斟酌, 酌量, 估计, 估量, 预料
최선(最善)	(名)	最好, 最高; 全心全意, 全力

총장(總長)	（名）	（大学）校长
인터뷰(interview)	（名）	采访，访问，会见，访谈
늘다	（自动）	增加，增多，增长
예상되다(豫想--)	（自动）	预料，预想，预测，估计
골목길	（名）	小街，小胡同
맴돌다	（自动/他动）	打转儿，盘旋；围绕，回转
촬영하다(撮影--)	（他动）	摄影，摄制，拍摄
끊이다	（自动）	断，中断，停，停止
환호성(歡呼聲)	（名）	欢呼，欢呼声
섬세하다(纖細--)	（形）	纤细，纤巧，精巧

분류단어

간절하다(懇切--)	迫切，渴望
걱정스럽다	令人担忧
귀중하다(貴重--)	珍贵，贵重
난처하다(難處--)	为难，难堪
깜깜하다	暗淡，渺茫
다행스럽다(多幸---)	幸亏，多亏
막연하다(漠然--)	茫然
든든하다	踏实，放心
망설이다	犹豫，徘徊，踌躇
만족스럽다(滿足---)	令人满意

제 14 과 「나의 사랑하는 생활」을 모방하여 한 편의 수필을 써 볼까요?

부담스럽다(負擔---)	有负担
서운하다	舍不得，遗憾，不是滋味
설레다	激动，荡漾，心动
쓸쓸하다	孤单，寂寞
안타깝다	惋惜，难过
자랑스럽다	引以为荣，值得自豪
조심스럽다(操心---)	需要谨慎，需要注意
창피하다(猖披--)	丢人，寒碜
짜증나다	烦
충격적이다(衝擊的--)	触目惊心，刺激，轰动
후회스럽다(後悔---)	后悔，追悔莫及
흥분되다(興奮---)	激动，兴奋

词汇表

가꾸다	（他动）	养，栽培，种植	（제1과）
가끔	（副）	偶尔，时而，有时	（제13과）
가난하다	（形）	穷，贫穷，贫困	（제10과）
가능하다(可能--)	（形）	可能，可以，可行	（제9과）
가득	（副）	充满，满满地	（제12과）
가뭄	（名）	旱，干旱，旱灾	（제13과）
가옥(家屋)	（名）	住房，房屋，房子	（제2과）
가운데	（名）	中间，中心，正中	（제8과）
가장(家長)	（名）	家长，一家之主，户主，当家人	（제11과）
가족 형태(家族形態)	（名）	家庭形态	（제11과）
가족애(家族愛)	（名）	亲情，家人之间的爱	（제11과）
가치관(價値觀)	（名）	价值观	（제11과）
각각(各各)	（副）	各自，分别	（제6과）
각박하다(刻薄--)	（形）	刻薄，无情，冷漠	（제14과）
간결하다(簡潔--)	（形）	简洁，简练	（제4과）
갈대	（名）	芦苇	（제14과）
갈등(葛藤)	（名）	矛盾，分歧，纠纷，冲突	（제6과）
갑갑하다	（形）	烦，腻烦，厌烦	（제5과）
강강술래	（名）	"羌羌水越来"，圆圈舞（一种民俗舞蹈，主要在元宵节或中秋节晚上由女子来跳）	（제1과）

강남(江南)	(名)	江南	(제10과)
강하다	(形)	强，强大；巨大	(제10과)
개구리	(名)	青蛙，蛙	(제4과)
거느리다	(他动)	率领，领导；领着，带着，带领	(제5과)
거북	(名)	龟，乌龟	(제13과)
거북선	(名)	龟船	(제6과)
거짓말	(名)	谎言，谎话，假话	(제10과)
거창하다(巨創--)	(形)	宏伟，宏大，庞大，巨大	(제14과)
거칠다	(形)	（表面）粗，粗糙，不光滑；粗心，马虎	(제5과)
거품	(名)	气泡，泡沫	(제3과)
거행하다(擧行--)	(他动)	举行	(제5과)
건강검진(健康檢診)	(名)	体检，健康检查	(제12과)
건망증(健忘症)	(名)	健忘症，健忘，记性差	(제10과)
건물(建物)	(名)	建筑，建筑物	(제9과)
걸치다	(他动)	横架，横跨	(제7과)
겁먹다(怯--)	(自动)	害怕，畏惧，恐惧，惶恐	(제4과)
게임에 빠지다	(词组)	痴迷于游戏，沉迷于游戏	(제13과)
겨우	(副)	好不容易，勉强	(제11과)
견고하다(堅固--)	(形)	坚固，坚实	(제2과)
결국(結局)	(名/副)	最终，最后，终归，终于	(제9과)
결코	(副)	决不，绝对，万万（不）	(제5과)
겹치다	(自动)	（事情）同时发生，重合，赶在一块，碰在一起，再加上	(제2과)
경관(景觀)	(名)	风景，景色，景致	(제7과)
경기(景氣)	(名)	景况，经济状况	(제8과)
경기(競技)	(名)	竞赛，竞技，比赛	(제9과)
경험하다(經驗--)	(他动)	经历，体验	(제11과)
계곡(溪谷)	(名)	涧谷，溪谷，溪涧，山涧	(제7과)

계란찜(鷄卵-)	（名）	鸡蛋羹	（第13과）
계승되다(繼承--)	（自动）	继承，传承	（第11과）
계약하다(契約--)	（他动）	签，签订	（第2과）
계화꽃	（名）	桂花	（第3과）
계획(計劃)	（名）	计划，规划，筹划	（第13과）
고래	（名）	鲸，鲸鱼	（第13과）
고려하다(考慮--)	（他动）	考虑，斟酌	（第3과）
고무창	（名）	橡胶鞋底	（第14과）
고생(苦生)	（名）	受苦，吃苦，辛苦	（第5과）
고약하다	（形）	恶劣，可憎，可恶	（第10과）
고장(故障)	（名）	故障，毛病，问题	（第9과）
곡식(穀食)	（名）	粮食，庄稼，谷物	（第1과）
곧	（副）	就，立刻，立即，马上	（第13과）
골목	（名）	胡同，小巷，巷子	（第14과）
골목길	（名）	小街，小胡同	（第14과）
곰곰이	（副）	仔细，细细，反复，深（思）	（第5과）
공	（名）	球	（第8과）
공감하다(共感--)	（他动）	产生共鸣，有同感，认同，赞同	（第14과）
공기청정기(空氣淸淨器)	（名）	空气净化器，空气过滤器	（第13과）
공식(公式)	（名）	公式	（第2과）
공헌하다(貢獻--)	（自动）	贡献，奉献	（第6과）
관람하다(觀覽--)	（他动）	观看，观赏，参观	（第12과）
관용 표현(慣用表現)	（名）	惯用型，惯用语	（第4과）
관직(官職)	（名）	官职，官，职位，职务	（第6과）
구렁이	（名）	蟒蛇	（第10과）
구성원(構成員)	（名）	成员	（第11과）
구성하다(構成--)	（他动）	构成，组成	（第14과）

구하다(救--)	（他动）	找，求，寻找；救，救出	（제3과）
국화(國花)	（名）	国花	（제6과）
굳어지다	（自动）	定型，形成	（제4과）
굽실거리다	（自动/他动）	点头哈腰，连连弯腰，卑躬屈膝	（제10과）
궁궐(宮闕)	（名）	宫，宫殿，宫廷，王宫	（제11과）
궁금하다	（形）	疑惑，好奇	（제12과）
권위(權威)	（名）	权威，威信	（제11과）
귀찮다	（形）	厌烦，讨厌，烦，麻烦	（제13과）
귓속말	（名）	耳语，悄悄话	（제14과）
그다지	（副）	（与否定词搭配）不怎么，并不那么，并不怎么	（제14과）
그대로	（副）	就那样，照原样，照样	（제2과）
그지없다	（形）	无限，无穷；无比，非常	（제7과）
그토록	（副）	那样，那么	（제10과）
극복(克服)	（名）	克服，战胜	（제12과）
근원적	（名/冠）	根本的，根源的，本质的	（제12과）
금은보화(金銀寶貨)	（名）	金银珠宝	（제10과）
급속하다(急速--)	（形）	快速，迅速	（제11과）
기교(技巧)	（名）	技巧，妙招	（제14과）
기둥	（名）	柱子，支柱	（제2과）
기부(寄附)	（名）	捐赠，捐助，认捐，捐款	（제12과）
기암절벽(奇巖絶壁)	（名）	奇岩绝壁，悬崖峭壁	（제7과）
기울이다	（他动）	倾注，倾；花费；贯注	（제4과）
기초(基礎)	（名）	（建筑物等的）基筑，地基	（제2과）
긴장하다(緊張--)	（自动）	紧张	（제9과）
깔끔하다	（形）	干净，利索	（제3과）
깔다	（他动）	铺	（제1과）
깨	（名）	芝麻	（제1과）

255

깨끗이	（副）	干净地，洁净地，干干净净地，整齐地	（제2과）
깨다	（自动/他动）	打碎，打破，摔碎，摔破；破坏，搞坏	（제10과）
깨닫다	（自动/他动）	认识到，意识到，觉悟，醒悟	（제13과）
꼭	（副）	刚刚，正，正好	（제5과）
꼭대기	（名）	顶，顶峰，顶端	（제5과）
꽂다	（他动）	插，插入	（제8과）
꽃병	（名）	花瓶	（제10과）
꾸리다	（他动）	经营，打造，组织	（제4과）
꿈을 펼치다	（词组）	实现梦想	（제5과）
끈기	（名）	韧性，耐性，毅力	（제10과）
끊기다	（被动）	被断绝，被停止，被终止	（제6과）
끊이다	（自动）	断，中断，停，停止	（제14과）
끓이다	（他动）	煮沸，煮开，烧开	（제9과）
나누다	（他动）	(把一个整体)分，分开，分成，分为	（제3과）
나다	（自动）	发，冒，起	（제8과）
나타내다	（他动）	显现，表现出	（제12과）
낙(樂)	（名）	乐，乐趣	（제5과）
난방장치(煖房裝置)	（名）	供暖设备，供暖装置	（제2과）
낡다	（形）	旧，陈旧，破旧，过时	（제9과）
남다	（自动）	剩下，留下，余下	（제8과）
남다르다	（形）	与众不同，特别，独特；超乎常人	（제6과）
남몰래	（副）	偷偷地，悄悄地，暗中	（제10과）
남향(南向)	（名）	南向，朝南	（제2과）
내(內)	（名）	（与部分表示时间或空间范围的名词结合使用）里，内，之内	（제9과）
내내	（副）	始终，整，终，一直	（제8과）
내레이션(narration)	（名）	（电影、电视等）解说，旁白	（제5과）
내려다보다	（他动）	向下看，俯视	（제7과）

내쫓다	（他动）	赶走，驱逐	（제10과）
냄새	（名）	气味；气息，味道	（제14과）
냉대(冷帶)	（名）	亚寒带	（제7과）
넉넉하다	（形）	足够，充足，充分；（日子过得）宽裕，富裕，富足，丰裕	（제8과）
넉넉히	（副）	足，充足地，足够地，充分地	（제2과）
널리	（副）	广泛地，大范围地，大面积地	（제5과）
넘다	（自动/他动）	超过，超出，越过	（제3과）
넥타이(necktie)	（名）	领带，领结	（제14과）
놀부	（人名）	孬夫，游夫	（제10과）
놀이	（名）	游戏，玩耍	（제1과）
놀이터	（名）	游乐园，游乐场；[喻]活动场所，乐园	（제6과）
농악(農樂)	（名）	农乐（韩国农村在节庆时演奏的一种传统音乐）	（제1과）
농장(農場)	（名）	农场	（제10과）
놓치다	（他动）	错过，失去；没能做到	（제14과）
누리다	（他动）	享受，享用，享有	（제13과）
누적되다(累積--)	（自动）	积，累积，积累，蓄积	（제7과）
눈곱	（名）	眼屎；[喻]一点儿，一丁点儿，丝毫	（제12과）
눈물	（名）	泪，泪水，眼泪	（제9과）
눈앞에 그려지다	（词组）	呈现在眼前	（제14과）
눈에 들어오다	（词组）	映入眼帘	（제12과）
눈에 밟히다	（惯用句）	浮现在眼前；记忆犹新；历历在目	（제4과）
눈이 빠지게 기다리다	（惯用句）	盼星星盼月亮，望眼欲穿	（제10과）
늘	（副）	经常，常常，时常，总是	（제13과）
늘다	（自动）	增加，增多，增长	（제14과）
다가오다	（自动）	走近，接近，靠近；来临，即将到来	（제5과）
다각도(多角度)	（名）	多角度，多方面，全面	（제13과）

다루다	（他动）	办，办理，处理	（제11과）
다보탑(多寶塔)	（名）	多宝塔	（제6과）
다스리다	（他动）	治理，管理，统治	（제5과）
다지다	（他动）	加强，巩固	（제1과）
다짐하다	（自动）	决心，下决心，决定，承诺	（제12과）
다치다	（自动/他动）	受伤	（제10과）
다하다	（自动/他动）	竭尽，用尽；倾力，尽力	（제4과）
단점(短點)	（名）	短处，缺点，欠缺，不足	（제11과）
단조롭다(單調--)	（形）	单调，呆板	（제12과）
닫히다	（被动）	（"닫다"的被动形态）（门）关了，关上	（제13과）
달리	（副）	不同，不一样，有别	（제4과）
담기다	（被动）	（"담다"的被动形态）盛，装；包含，含	（제3과）
답답하다	（形）	闷，烦闷，发闷；焦急，着急，心焦	（제7과）
답변(答辯)	（名）	答辩，答复，回答	（제9과）
당연히(當然-)	（副）	当然，理应，应该，应当	（제8과）
당장	（副）	当场，立刻，即刻，马上	（제10과）
당하다	（他动）	遭到，被，受，遭遇	（제13과）
당황하다(唐惶--)	（自动）	惊慌，慌张，慌乱	（제9과）
대기오염(大氣污染)	（名）	大气污染	（제13과）
대다	（他动）	贴，贴上	（제14과）
대단히	（副）	非常，相当；很多，很大；了不起，出色	（제5과）
대처하다(對處--)	（自动/他动）	对付，应付，应对，处理	（제3과）
대청마루(大廳--)	（名）	厅堂，大厅	（제2과）
대청봉(大靑峯)	（名）	大青峰（雪岳山的主峰）	（제7과）
대체 에너지 (代替energy)	（名）	可替代能源，新能源	（제13과）
대추	（名）	大枣，枣子	（제1과）
더이상	（副）	再也	（제13과）

덜렁대다	(自动/他动)	冒冒失失，毛手毛脚	(제9과)
덮이다	(被动)	被覆盖，被盖；覆盖，弥漫	(제7과)
데리다	(他动)	带领，带，领	(제10과)
데뷔하다(début--)	(自动)	初次亮相，出道，初次登台	(제5과)
데우다	(他动)	热，加热	(제2과)
도깨비	(名)	鬼怪	(제10과)
도시화(都市化)	(名)	城市化，都市化	(제11과)
도읍(都邑)	(名)	京都，首都，都城	(제5과)
도저히	(副)	无论如何，怎么也，根本	(제5과)
도전하다(挑戰--)	(自动)	挑战	(제4과)
독서회(讀書會)	(名)	读书会，书友会	(제10과)
독특하다(獨特--)	(形)	独特，特殊，特别	(제4과)
돈독하다(敦篤--)	(形)	深厚，笃实	(제1과)
돌	(名)	一周岁	(제8과)
돌다	(自动/他动)	转，转动，旋转；围绕，转圈，绕圈	(제10과)
돌보다	(他动)	照顾	(제10과)
돌아가다	(自动)	去世，过世	(제11과)
돌잔치	(名)	周岁宴，周岁筵席	(제8과)
돌잡이	(名)	抓周	(제8과)
동굴(洞窟)	(名)	洞窟	(제3과)
동등하다(同等--)	(形)	同等，平等	(제11과)
동면하다(冬眠--)	(自动)	冬眠	(제8과)
동영상(動映像)	(名)	视频	(제1과)
동요(童謠)	(名)	童谣，儿歌	(제5과)
동전(銅錢)	(名)	铜币，铜钱，硬币	(제6과)
동참하다(同參--)	(自动)	共同参加，一起参加	(제13과)
되찾다	(他动)	找回，收回，取回，挽回	(제12과)
두루미	(名)	鹤，仙鹤，白鹤	(제6과)

둥지를 틀다	（惯用句）	安家，筑巢，搭窝	（제10과）
들르다	（自动/他动）	顺便去	（제4과）
들통나다	（自动）	暴露，揭穿，揭开	（제10과）
등산화(登山靴)	（名）	登山鞋，攀登鞋	（제7과）
등장하다(登场--)	（自动）	出现，问世；登场，上台	（제11과）
등지다	（他动）	靠，背靠，依靠	（제2과）
디자인(design)	（名）	设计，图案，图样	（제11과）
따다	（他动）	采，摘，采摘	（제10과）
따라가다	（他动）	跟随，追随，跟着	（제1과）
따로	（副）	分开，单独；另外，别的	（제4과）
따르다	（他动）	跟上，跟随，跟着；依附，追随	（제9과）
딱	（副）	正好	（제3과）
딱하다	（形）	可怜，凄惨，很惨	（제5과）
떠오르다	（自动）	升起，浮上来，浮起；浮现，想起	（제7과）
떡	（名）	糕，打糕	（제1과）
떨다	（他动）	颤抖，发抖，抖动	（제9과）
떨어뜨리다	（他动）	使……掉下，使……落下	（제10과）
떼다	（他动）	摘下，取下，撕下	（제10과）
떼다	（他动）	开，开具	（제10과）
떼다	（他动）	拆，撕；分开，断绝	（제13과）
뛰쳐나가다	（自动）	（从某处）跑出去，逃出去，逃离	（제5과）
뜻(을) 두다	（惯用句）	把心放在（某人、某事、某计划等）上	（제5과）
뜻대로	（副）	如愿，如意，称心	（제5과）
뜻밖에	（副）	意外地，出乎意料地	（제3과）
뜻하다	（他动）	意味，表示，指	（제3과）
리포트(report)	（名）	论文，研究报告	（제3과）
마구	（副）	胡乱，随便	（제10과）
마늘	（名）	大蒜	（제5과）

마당	（名）	院子，庭院	（제10과）
마디	（名）	句，句子	（제11과）
마무리하다	（他动）	结束，收尾，完成	（제11과）
마스크(mask)	（名）	口罩	（제1과）
마우스(mouse)	（名）	鼠标	（제8과）
마음씨	（名）	心地，心眼儿，心肠	（제10과）
마음을 열다	（惯用句）	敞开心扉，敞开思想	（제14과）
마이크(mike)	（名）	话筒，麦克风	（제8과）
마치다	（他动）	结束，完成	（제3과）
마침내	（副）	终于，最后，最终	（제5과）
막대기	（名）	棍子，杆子，竿子	（제10과）
막상	（副）	实际上，真的，真要	（제1과）
만두	（名）	饺子；包子	（제4과）
망고(mango)	（名）	芒果	（제2과）
망치다(亡--)	（他动）	毁灭，败，败坏；弄坏，毁坏，破坏	（제9과）
맞이하다	（他动）	迎，迎接	（제8과）
맞추다	（他动）	对，协调，调整	（제7과）
맡다	（他动）	担任，担当，负责	（제3과）
매연(煤煙)	（名）	煤烟，黑烟，废气	（제13과）
매운탕	（名）	辣味汤，鲜辣鱼汤	（제12과）
매진하다(邁進--)	（自动）	努力，埋头苦干，迈进	（제6과）
맴돌다	（自动/他动）	打转儿，盘旋；围绕，回转	（제14과）
머리칼	（名）	头发，发丝，毛发	（제14과）
먹이	（名）	粮食，饲料	（제13과）
먼 사촌보다 가까운 이웃이 낫다	（俗）	远亲不如近邻	（제4과）
멀리	（副）	远远地，遥遥地	（제10과）
멀어지다	（自动）	变远，渐远	（제11과）

멋	（名）	姿态，风度，神采；风采，丰姿，韵味	(제6과)
메달(medal)	（名）	勋章，奖牌，奖章	(제7과)
메모장(memo帳)	（名）	记事本，备忘录	(제4과)
멜론(melon)	（名）	白兰瓜，甜瓜，香瓜，哈密瓜	(제2과)
면접(面接)	（名）	面试；见面，会面	(제9과)
멸종(滅種)	（名）	灭绝	(제13과)
명상적(瞑想的)	（名/冠）	冥想的，沉思的	(제14과)
명장(名將)	（名）	名将	(제6과)
몇	（数/冠）	多少，几；若干，一些	(제11과)
모기	（名）	蚊子	(제13과)
모방하다(模倣--)	（他动）	模仿，效仿	(제14과)
모의시험	（名）	模拟考试	(제2과)
모이다	（被动）	聚集，汇集；积累	(제4과)
목록(目錄)	（名）	目录，索引，检索，清单	(제3과)
몰래	（副）	暗中，偷偷地	(제3과)
몰리다	（被动）	聚集，涌入；被赶，被驱逐	(제1과)
묘사하다(描寫--)	（他动）	描写，描绘，描述	(제14과)
무궁화(無窮花)	（名）	木槿花，无穷花	(제6과)
무리	（名）	（人）群，大群	(제5과)
무분별하다(無分別--)	（形）	盲目，不辨对错，轻率，冲动	(제13과)
무사히(無事-)	（副）	平安，安全，无事故，无灾无病	(제8과)
무섭다	（形）	可怕，吓人，恐怖，危险；惊人，非常，厉害	(제7과)
무작정	（名/副）	无计划，无打算，盲目	(제9과)
무척	（副）	很，相当，非常，十分	(제5과)
문인(文人)	（名）	文人，作家	(제6과)
문제를 풀다	（词组）	答题；解决问题	(제8과)
문체(文體)	（名）	体裁；风格，文体	(제14과)
문화재(文化財)	（名）	文物，文化遗产，文化财富	(제6과)

물가(物價)	（名）	物价，价格	（제11과）
물다	（他）	叼，衔	（제10과）
물려주다	（他动）	留给；传给	（제13과）
뮤지컬(musical)	（名）	音乐剧，音乐歌剧	（제3과）
미련(未練)	（名）	迷恋，留恋，依依不舍，舍不得	（제12과）
미루다	（他动）	推断，类推，推导	（제14과）
미세먼지(微細--)	（名）	微尘，雾霾	（제13과）
미움받다	（自动）	讨嫌，讨厌	（제4과）
미처	（副）	事前，来不及	（제3과）
미혼(未婚)	（名）	未婚	（제11과）
민속(民俗)	（名）	民俗	（제1과）
믿다	（他动）	信，相信，信任；靠，依靠	（제13과）
밉다	（自动）	讨厌，可恨；丑，丑陋，难看，不好看	（제13과）
바라다	（他动）	希望，期望，盼望，期待	（제4과）
바라보다	（他动）	看，望，看着，望着	（제7과）
바람	（名）	愿望，心愿，希望，期望	（제12과）
바치다	（他动）	献出，献给，奉献，贡献	（제6과）
박	（名）	葫芦	（제10과）
박씨	（名）	葫芦籽	（제10과）
박히다	（自动）	扎进，刺进	（제13과）
반달(半-)	（名）	半月，半圆月	（제1과）
반면(反面)	（名）	反面；可是，但是	（제4과）
반복적(反復的)	（名/冠）	反复的，重复的	（제14과）
반성하다	（他动）	反省，反思，检讨	（제13과）
반죽하다	（他动）	和（面）；搅拌	（제1과）
발각되다(發覺--)	（自动）	被发觉，被发现	（제10과）
발레(ballet)	（名）	芭蕾，芭蕾舞	（제2과）
발이 떨어지지 않다	（惯用句）	迈不开步子；依依不舍	（제1과）

밝히다	（他动）	阐明，说明，表明	（제12과）
밤	（名）	栗子，板栗	（제1과）
밥주걱	（名）	饭勺；饭铲，锅铲	（제10과）
밥풀	（名）	饭粒	（제10과）
방망이	（名）	棍子	（제10과）
방바닥	（名）	房内地面，地板	（제2과）
배낭(背囊)	（名）	背囊，背包	（제7과）
배달시키다(配達---)	（他动）	点外卖	（제8과）
배출(排出)	（名）	排出，排放	（제13과）
백록담(白鹿潭)	（名）	白鹿潭	（제7과）
백세시대(百歲時代)	（名）	百岁时代	（제1과）
백일장(白日場)	（名）	写作大赛	（제4과）
버럭	（副）	勃然，突然（大喊）	（제10과）
벌레	（名）	虫，虫子，昆虫	（제6과）
벌초(伐草)	（名）	扫墓	（제1과）
베란다(veranda)	（名）	阳台，走廊	（제2과）
베풀다	（他动）	给予，施舍	（제7과）
벼이삭	（名）	稻穗	（제6과）
변함없이(變---)	（副）	依然如故地，始终不渝地，不变地	（제12과）
보름달	（名）	十五的月亮，圆月，满月	（제1과）
보완(補完)	（名）	补充，完善，弥补	（제2과）
보잘것없다	（形）	不值得看，微不足道	（제4과）
보조하다(補助--)	（他动）	辅助，帮助，协助	（제9과）
보편적(普遍的)	（名）	普遍的，普遍	（제11과）
볼	（名）	面颊，腮，脸蛋	（제10과）
부닥치다	（自动）	撞上，碰到；遇到，面临（难题、反对等）	（제12과）
부러뜨리다	（他动）	折断	（제10과）
부러지다	（自动）	折，断	（제10과）

부지런하다	(形)	勤快，勤奋，勤勉	(第10과)
부탁(付託)	(名)	委托，请求	(第3과)
분가하다(分家--)	(自动)	分家，分开过	(第11과)
분리(分離)	(名)	分离，分开，隔开	(第13과)
분리배출(分離排出)	(名)	分类投放	(第2과)
분별(分別)	(名)	分别，区分；分辨，辨别	(第4과)
분해(分解)되다	(自动)	（化合物）分解	(第13과)
불과하다(不過--)	(形)	不过，只不过	(第13과)
불리다	(被动)	（"부르다"的被动形态）被叫做，被称为	(第11과)
불만(不滿)	(名)	不满，不满足	(第13과)
불타다	(自动)	着火，起火；火红	(第7과)
불행하다(不幸--)	(形)	不幸，倒霉	(第12과)
불황(不況)	(名)	不景气，疲软	(第8과)
붙임성	(名)	平易近人，好说话，和蔼可亲	(第9과)
뷔페(buffet)	(名)	自助餐，快餐，快餐店	(第7과)
비교하다(比較--)	(他动)	比较，相比，比拟	(第2과)
비록	(副)	虽然，即使，尽管	(第11과)
비명(悲鳴)	(名)	悲鸣，惨叫；惊叫，惊呼	(第9과)
비약적(飛躍的)	(名/冠)	飞跃的	(第6과)
비유하다(比喩--)	(他动)	比喻，比作	(第12과)
비중(比重)	(名)	比重，比例	(第11과)
빈털터리	(名)	穷光蛋	(第10과)
빌다	(他动)	祈祷，许愿；希望，祝愿	(第5과)
빗자루	(名)	扫帚	(第10과)
빙하(氷河)	(名)	冰河，冰川	(第11과)
빚다	(他动)	揉，包，捏	(第1과)
빨대	(名)	吸管	(第13과)
빼다	(他动)	减去，除去，删掉	(第1과)

265

빼어나다	（形）	杰出，出众，优秀	(제7과)
뺨	（名）	脸蛋，腮；耳光	(제10과)
뻔뻔하다	（形）	厚脸皮，厚颜无耻	(제10과)
뿌옇다	（形）	灰白，灰蒙蒙	(제13과)
뿜다	（他动）	喷，吐，冒	(제7과)
사거리	（名）	十字路，十字路口	(제2과)
사라지다	（自动）	消失	(제2과)
사리(事理)	（名）	理，事理，道理	(제4과)
사소하다(些少--)	（形）	琐碎，细小，细微	(제14과)
사유(思惟)	（名）	思维	(제6과)
사이가 좋다	（词组）	关系好，亲近	(제13과)
사이트(site)	（名）	网站	(제1과)
사정(事情)	（名）	情况，原因，缘由	(제8과)
산세(山勢)	（名）	山势	(제7과)
산소(山所)	（名）	墓，墓地	(제1과)
산업화(産業化)	（名）	产业化，工业化	(제11과)
산지(山地)	（名）	山地	(제7과)
산후조리(産後調理)	（名）	坐月子；产后调养	(제8과)
살리다	（他动）	救活，挽救，使……活	(제6과)
삶	（名）	生活，人生，活着	(제11과)
삼다	（他动）	当作，当成；视为，看作	(제2과)
삼림(森林)	（名）	森林	(제13과)
상대방(相對方)	（名）	对方	(제3과)
상대적(相對的)	（冠/名）	相对的	(제11과)
상사(上司)	（名）	上司，上级	(제6과)
상장(賞狀)	（名）	奖状	(제1과)
상징물(象徵物)	（名）	象征物	(제6과)
새끼 제비	（名）	小燕子，雏燕	(제10과)

생생하다(生生--)	(形)	（记忆）犹新，清晰，历历在目，活生生	(제4과)
생애(生涯)	(名)	生涯，生平	(제12과)
생존(生存)	(名)	生存，存活，生活，活着	(제13과)
생활양식(生活樣式)	(名)	生活方式	(제9과)
서늘하다	(形)	凉，凉快，寒凉	(제2과)
서동	(人名)	薯童	(제5과)
서두르다	(他动)	抓紧，赶紧，赶着，忙着	(제9과/제13과)
서서히	(副)	慢慢地，徐徐地，缓缓地，缓慢地	(제7과)
서정시(抒情詩)	(名)	抒情诗	(제14과)
선악(善惡)	(名)	善恶	(제5과)
선하다	(形)	历历在目，犹在眼前	(제4과)
설거지	(名)	洗碗，洗餐具	(제9과)
설렘	(名)	激动，心动	(제3과)
섬세하다(纖細--)	(形)	纤细，细致，纤巧	(제6과)
성금(誠金)	(名)	捐款，捐助	(제1과)
성능(性能)	(名)	性能，功能	(제7과)
성대하다(盛大--)	(形)	盛大	(제3과)
성리학자	(名)	道学先生，性理学者	(제6과)
성묘(省墓)	(名)	扫墓，上坟	(제1과)
성산일출봉	(名)	城山日出峰	(제7과)
성원(聲援)	(名)	声援，鼓励，鼓舞	(제3과)
성질(性質)	(名)	本性，脾气；性质	(제10과)
성취(成就)	(名)	成就，完成，实现	(제6과)
세대(世代)	(名)	世代，代，辈；一代	(제11과)
세입자(貰入者)	(名)	房客，租客	(제2과)
세제(洗劑)	(名)	洗衣粉，洗涤剂	(제3과)
세탁기(洗濯機)	(名)	洗衣机	(제9과)

267

세포(細胞)	（名）	细胞	（제13과）
소	（名）	馅	（제1과）
소박하다(素朴--)	（形）	朴素，简朴	（제14과）
소백산맥(小白山脈)	（名）	小白山脉	（제7과）
소식(消息)	（名）	消息	（제5과）
소심하다(小心--)	（形）	小心谨慎，小心翼翼，谨小慎微	（제9과）
소통(疏通)	（名）	沟通	（제6과）
소풍(逍風)	（名）	散步，兜风；野游，郊游	（제3과）
소홀하다(疏忽--)	（形）	疏忽，忽略，忽视，大意	（제14과）
수강 신청(受講申請)	（名）	选课	（제1과）
소홀히	（副）	疏忽，忽视，疏于，粗心大意	（제9과）
속담(俗談)	（名）	谚语，俗语	（제1과）
손에 잡히다	（惯用句）	得心应手	（제5과）
솔잎	（名）	松叶，松针	（제1과）
솔직히(率直-)	（副）	直率，坦率	（제4과）
송편	（名）	松糕，松饼	（제1과）
쇠다	（动）	过（节日或纪念日等）	（제8과）
수난(受難)	（名）	受难，受苦，苦难	（제13과）
수려하다(秀麗--)	（形）	秀丽，清秀	（제7과）
수명(壽命)	（名）	生命，寿命	（제8과）
수상작(受賞作)	（名）	获奖作品	（제4과）
수수하다	（形）	普通，平凡，一般	（제14과）
수심(水深)	（名）	水深	（제1과）
수질오염(水質汚染)	（名）	水质污染	（제13과）
수확하다(收穫--)	（他动）	收获，收割，收取	（제1과）
숙명(宿命)	（名）	宿命，命中注定	（제12과）
순간(瞬間)	（名）	瞬间，一瞬间，刹那	（제11과）
순수하다(純粹--)	（形）	纯，纯粹；纯真，单纯	（제8과）

순조롭다(順調--)	(形)	顺利，顺当，一帆风顺		(제3과)
숨이 막히다	(词组)	喘不过气，窒息		(제7과)
스크린(screen)	(名)	屏幕，银幕，影幕		(제12과)
스타(star)	(名)	明星；名演员；名选手		(제2과)
스파게티(spaghetti)	(名)	意大利面，细面条		(제8과)
스팸(spam)	(名)	垃圾邮件，骚扰电话		(제4과)
슬픔	(名)	悲伤，伤心，悲痛		(제12과)
시급히(時急-)	(副)	紧急地，紧迫地，急迫地		(제13과)
시냇물	(名)	溪水，溪流		(제14과)
시일(時日)	(名)	期限，时限，时日，时间		(제9과)
시조(始祖)	(名)	始祖，创始人		(제5과)
시중(市中)	(名)	市里，市内，市中心；市场，市中		(제6과)
시집(詩集)	(名)	诗集		(제12과)
시키다	(他动)	使，让，使唤		(제5과)
식견(識見)	(名)	见识，眼界		(제6과)
식구(食口)	(名)	家庭人口，家人		(제10과)
식생(植生)	(名)	植被		(제7과)
신단수(神壇樹)	(名)	神坛树		(제5과)
신랑(新郞)	(名)	新郎		(제11과)
신부(新婦)	(名)	新娘子		(제11과)
신비롭다(神秘--)	(形)	神奇的，神秘的，玄妙的		(제3과)
신축(新築)	(名)	新建，新盖		(제2과)
실망하다(失望--)	(自动)	失望，沮丧，灰心		(제5과)
실수(失手)	(名)	错误，失误		(제3과)
실타래	(名)	线团		(제8과)
실패하다(失敗--)	(自动)	失败		(제10과)
심다	(他)	种		(제10과)
심지어(甚至於)	(副)	甚至，甚至于		(제11과)

심하다(甚--)	（形）	过分，过甚，严重，厉害	(제10과)
싸다	（他动）	包，打包，打捆	(제8과)
쌀가루	（名）	大米面	(제1과)
쏙	（副）	深深地，十分；一下子	(제3과)
쑥	（名）	艾草，艾蒿	(제5과)
쓰러지다	（自动）	倒下，倒；病倒	(제7과)
쓰레기 더미	（名）	垃圾堆	(제13과)
씨름	（名）	摔跤	(제1과)
씩씩하다	（形）	威武，勇敢，生气勃勃	(제12과)
아끼다	（他动）	珍惜，爱惜；节约，节省	(제10과)
아담하다(雅淡--)	（形）	淡雅，清雅，高雅	(제3과)
아무래도	（副）	无论如何，反正，不管怎么样	(제11과)
아무리	（副）	多么，再；无论，不管	(제3과)
아보카도(avocado)	（名）	酪梨，牛油果	(제2과)
아쉽다	（形）	可惜，遗憾，舍不得	(제12과)
아열대(亞熱帶)	（名）	亚热带	(제7과)
아이돌(idol)	（名）	偶像，偶像派	(제5과)
안부(安否)	（名）	问候，平安与否	(제8과)
안타깝다	（形）	惋惜，难过	(제14과)
알람(alarm)	（名）	闹钟，闹铃	(제3과)
알려지다	（被动）	众所周知，传遍；有名，出名	(제12과)
알아보다	（他动）	打听，询问，查询；调查，了解	(제9과)
알아채다	（他动）	察觉到，注意到，猜到	(제5과)
암기(暗記)	（名）	背诵	(제2과)
애국가(愛國歌)	（名）	爱国歌	(제6과)
야무지다	（形）	精明强干，成熟干练，老练	(제9과)
약밥(藥-)	（名）	八宝饭	(제8과)
약하다(弱--)	（形）	弱，薄弱，软弱；虚弱，衰弱	(제11과)

양반(兩班)	（名）	两班，贵族	（제4과）
양복(洋服)	（名）	西服，西装；洋装	（제9과）
양성(養成)	（名）	培养，养成，培训	（제6과）
어려움	（名）	困难，难，苦难，受苦	（제12과）
어머니상(---像)	（名）	母亲形象	（제6과）
어우러지다	（自动）	协调，和谐；相容，融洽	（제7과）
어조(語調)	（名）	语调，语气	（제14과）
얻다	（他动）	获得，得到；白得，白捞，白拿	（제10과）
업무(業務)	（名）	业务，公务，事务，任务	（제9과）
업적(業績)	（名）	业绩，功绩，实绩，成绩	（제6과）
에너지(energy)	（名）	能量，能源；活力，精力，元气	（제6과）
에스컬레이터(escalator)	（名）	电梯，自动扶梯	（제9과）
여기다	（自动/他动）	认为，认定，视为，看成，当作	（제8과）
여럿	（名）	不少，多，许多	（제9과）
여류(女流)	（名）	（用于部分名词前）女，妇女，女性	（제6과）
여운(餘韻)	（名）	余韵，余味，回味	（제14과）
여쭈다	（他动）	（向长辈）禀报，禀告，告诉，咨询；请教，问候	（제4과）
역할(役割)	（名）	作用，责任；角色	（제11과）
연로하다(年老--)	（形）	年老，年迈，上年纪，年纪大	（제11과）
연봉(年俸)	（名）	年薪，年俸	（제12과）
연주하다(演奏--)	（他动）	演奏，弹奏，奏乐	（제6과）
열다	（他动）	打开，揭开，开启	（제14과）
열리다	（自）	结（果实）	（제10과）
열효율(熱效率)	（名）	热效率	（제2과）
예상되다(豫想--)	（自动）	预料，预想，预测，估计	（제14과）
예전	（名）	过去，以前，往日	（제10과）

옛	(冠)	老，旧，故，古，过去的	(제11과)
오답노트	(名)	纠错本	(제2과)
오래	(副)	很长时间，很久，好久，许久	(제8과)
오르다	(自动)	涨，上涨，涨价	(제11과)
온대(溫帶)	(名)	温带	(제7과)
온라인(on-line)	(名)	线上，网上	(제1과)
올리다	(他动)	呈上；敬（酒）；行（礼）	(제1과)
올림픽(Olympic)	(名)	奥林匹克运动会，奥运会	(제7과)
올챙이	(名)	蝌蚪	(제4과)
완료되다(完了--)	(自动)	完毕，完成，结束	(제13과)
외로움	(名)	孤独，寂寞，孤单	(제12과)
외면하다(外面--)	(他动)	回避，不理睬	(제4과)
외부(外部)	(名)	外部，外面	(제14과)
외향적(外向的)	(名/冠)	外向的	(제9과)
욕심(慾心)	(名)	欲望，贪念，贪心，贪婪	(제1과)
용기(容器)	(名)	容器	(제13과)
용암(熔巖)	(名)	岩浆，熔岩	(제7과)
우승하다(優勝--)	(自动)	夺冠，取胜，获胜	(제10과)
우호 관계(友好關係)	(名)	友好关系	(제8과)
운해(雲海)	(名)	云海	(제7과)
울긋불긋하다	(形)	花花绿绿，五颜六色	(제7과)
웅장하다(雄壯--)	(形)	雄壮，宏伟，雄伟	(제7과)
원동력(原動力)	(名)	动力，原动力	(제9과)
원시림(原始林)	(名)	原始森林	(제7과)
원칙(原則)	(名)	原则	(제2과)
원하다(願--)	(他动)	希望，盼望	(제5과)
원활하다(圓滑--)	(形)	进展顺利，圆满，顺畅	(제3과)
위인(偉人)	(名)	伟人	(제6과)

위태롭다(危殆--)	(形)	危险，危急	(제3과)
위험하다(危險--)	(形)	危险，危急	(제3과)
유난히	(副)	（言行或状态）特别地，格外地，分外地	(제4과)
유능하다(有能--)	(形)	有能力，能力强，有才能	(제6과)
유니폼(uniform)	(名)	制服，校服；运动服，队服，团体服装	(제12과)
유래(由來)	(名)	由来，来由	(제1과)
유지하다(維持--)	(他动)	维持，保持	(제8과)
유창하다(流暢--)	(形)	流畅，流利	(제12과)
육성하다(育成--)	(自动)	培养，培育	(제13과)
은전(銀錢)	(名)	银钱，银币	(제14과)
음력(陰曆)	(名)	阴历，农历	(제1과)
의도(意圖)	(名)	意图，意向	(제3과)
의리(義理)	(名)	道义，道理；情义，情理	(제12과)
의무(義務)	(名)	义务	(제3과)
의사소통(意思疏通)	(名)	沟通，相互理解	(제4과)
의식하다(意識--)	(自动)	意识，察觉，感到，意识到	(제9과)
의지(意志)	(名)	意志，心志	(제12과)
이겨내다	(自动/他动)	战胜，克服	(제4과)
이끌다	(他动)	领导，带领，率领，引领	(제6과)
이따가	(副)	回头，晚些时候，待（一）会儿，等（一）会儿	(제8과)
이롭다(利--)	(形)	有利，有益，有用，有好处	(제5과)
이루다	(他动)	做成，实现，成为；达到，达成	(제6과)
이를테면	(副)	例如，比如说；就是说，换句话说	(제3과)
이미지(image)	(名)	形象，印象，表象	(제9과)
이수하다(履修--)	(他动)	修，修读	(제1과)
이어지다	(自动)	相接；接上，连上	(제9과)
이왕(已往)	(名)	既然，既已，已经	(제4과)

이웃집	（名）	邻居，邻家	（제2과）
이해심(理解心)	（名）	理解之心，善解人意	（제11과）
익히다	（使动）	使……熟悉，适应；习惯，掌握	（제1과）
인사	（名）	问候，请安，问安，打招呼	（제11과）
인사말	（名）	问候语，应酬话，客气话，打招呼	（제8과）
인상(이) 깊다	（惯用句）	留下深刻印象，印象深刻	（제14과）
인상적(印象的)	（名/冠）	印象深刻的	（제11과）
인스턴트식품(instant식품)	（名）	速冻食品；速食食品；即食食品	（제13과）
인터뷰(interview)	（名）	采访，访问，会见，访谈	（제14과）
일다	（自动）	起，发，长	（제3과）
일부러	（副）	故意	（제10과）
일상(日常)	（名）	日常，平常，经常	（제14과）
일석이조(一石二鳥)	（名）	一石二鸟，一举两得，一箭双雕	（제13과）
일쑤	（名）	动不动就，总是，经常	（제10과）
일인가구	（名）	独居家庭，单人家庭	（제11과）
일정(日程)	（名）	日程；路程，行程；议程	（제12과）
일취월장(日就月將)	（名）	日益进步	（제4과）
일회용품(一回用品)	（名）	一次性用品	（제13과）
임금	（名）	君主，国王	（제5과）
임진왜란(壬辰倭亂)	（名）	壬辰倭乱	（제6과）
입학통지서(入學通知書)	（名）	录取通知书	（제9과）
잇다	（他动）	继续，接着，继承	（제11과）
잊혀지다	（被动）	被忘记，想不起来，不认识	（제4과）
자기주장(自己主張)	（名）	自我主张，主见	（제10과）
자녀(子女)	（名）	子女	（제11과）
자루	（名）	袋子	（제5과）

자르다	(他动)	折断，切断，剪断	(제10과)
자리(를) 잡다	(惯用句)	安定，定居；占据，坐落；（想法）扎根	(제9과)
자생하다(自生--)	(自动)	自生，野生	(제7과)
자신(自信)	(名)	自信	(제4과)
자신감(自信感)	(名)	自信，信心，自信感，自信心	(제9과)
자제하다(自制--)	(他动)	自制，克制	(제13과)
자존심(自尊心)	(名)	自尊心	(제13과)
자취하다	(自动)	自炊，自己做饭	(제9과)
자치단체(自治團體)	(名)	自治团体（地方政府）	(제8과)
자판기(自販機)	(名)	自动售货机	(제9과)
작곡가(作曲家)	(名)	作曲者，作曲家	(제6과)
작심삼일(作心三日)	(名)	三天打鱼，两天晒网；（比喻）没常性，没有恒心	(제4과)
작업(作業)	(名)	劳动，工作，作业	(제14과)
잔디	(名)	草皮；草地，草坪	(제14과)
잔잔하다	(形)	平静；安静，宁静	(제14과)
잘못되다	(自动)	错，坏，错误，失败	(제9과)
잠시(暫時)	(副)	暂时，片刻，一会儿	(제5과)
장남(長男)	(名)	长子，大儿子	(제11과)
장래(將來)	(名)	将来，未来	(제8과)
장르(genre)	(名)	类型，流派，体裁	(제4과)
장바구니(場---)	(名)	菜篮子；购物车	(제13과)
장수면(長壽面)	(名)	长寿面	(제8과)
장원 급제(壯元及第)	(名)	状元及第，金榜题名	(제6과)
장을 보다	(惯)	上市场，赶集，采购	(제4과)
장점(長點)	(名)	长处，优点，优势	(제11과)
재능(才能)	(名)	才能	(제6과)
재생(再生)	(名)	再生，复活	(제13과)

재학증명서(在學證明書)	(名)	（学生）在校证明书	(제10과)
저렴하다(低廉--)	(形)	低廉，便宜	(제11과)
적절하다(適切--)	(形)	适当，合适，适宜	(제4과)
전기차(電氣車)	(名)	电动汽车	(제13과)
전망(展望)	(名)	视野，展望；前景	(제2과)
전승되다(傳承--)	(自动)	传承，继承	(제1과)
전시되다(展示--)	(自动)	被展示，被展览，被展出	(제12과)
전자 기기(電子機器)	(名)	电子产品，电子仪器	(제13과)
절경(絶景)	(名)	绝景，佳景	(제7과)
절대적(絶對的)	(名)	绝对的	(제11과)
절약하다(節約--)	(他动)	节约，节省，节俭	(제13과)
젊은 세대	(名)	年轻一代	(제11과)
점잖다	(形)	斯文，文雅，高雅，稳重	(제14과)
점점(漸漸)	(副)	渐渐；越来越……	(제2과)
점치다(占--)	(他动)	占卜，算卦，算命；预测，预料，预计	(제8과)
정교하다(精巧--)	(形)	精巧，精致	(제6과)
정상(頂上)	(名)	山顶，顶峰，最高峰，顶	(제12과)
정서(情緒)	(名)	情绪，心情，感情，情感	(제12과)
정성껏(精誠-)	(副)	真诚地，精心地，热诚地	(제1과)
정성스럽다(精誠---)	(形)	精诚，真诚，诚心诚意	(제10과)
정신없이	(副)	精神恍惚，糊里糊涂，失魂落魄，手忙脚乱	(제2과)
정신이 없다	(词组)	（忙得）不可开交，手忙脚乱，不知所措	(제1과)
제거하다(除去--)	(他动)	除去，除掉，去掉，清除	(제13과)
제대로	(副)	合乎标准地，正常地，顺利地，如愿地；圆满地	(제9과)
제법	(副)	非常，很，相当	(제9과)
제비	(名)	燕子	(제10과)

제안(提案)	(名)	提案，提议	(제9과)
제자	(名)	弟子，学生，徒弟	(제6과)
제한되다(制限--)	(自动)	受限；有限	(제1과)
조각(彫刻)	(名)	雕刻，雕塑	(제12과)
조교(助敎)	(名)	助教	(제5과)
조급하다(躁急--)	(形)	急，急忙，急躁，着急，急于	(제13과)
조르다	(他动)	缠，纠缠，闹	(제5과)
조부모(祖父母)	(名)	祖父母	(제11과)
조상(祖上)	(名)	祖先，先祖，祖上	(제1과)
조언(助言)	(名)	指教，（从旁）指点，建议	(제6과)
조용히	(副)	安静地，静悄悄地	(제10과)
조화(調和)	(名)	调和，和谐，协调	(제12과)
족발	(名)	酱猪蹄	(제4과)
존재(存在)	(名)	存在	(제12과)
존중하다(尊重--)	(他动)	尊重，崇尚，重视	(제12과)
종달새	(名)	云雀	(제14과)
주(主)	(名)	主体，根本	(제11과)
주관하다(主管--)	(他动)	主管，掌管；主办	(제5과)
주범(主犯)	(名)	主犯	(제13과)
주어지다	(自动)	既有，具有；被给予	(제13과)
주택(住宅)	(名)	住宅，独体住宅	(제2과)
죽(粥)	(名)	粥	(제8과)
줄거리	(名)	故事，情节；框架，梗概	(제9과)
줄어들다	(自动)	变少，变小，减少，缩小	(제7과)
중고 거래	(名)	二手交易	(제13과)
중추절(仲秋節)	(名)	中秋节	(제1과)
즉석카메라 (卽席camera)	(名)	拍立得	(제8과)

277

지경(地境)	（名）	境地，地步，状况	（제7과）
지나치다	（形）	过分，过度，过于	（제3과）
지나치다	（他动）	放过，忽视，无视	（제14과）
지내다	（自动/他动）	生活，过（日子）	（제2과）
지다	（自动）	枯萎，凋谢	（제12과）
지르다	（他动）	叫喊，喊叫	（제9과）
지붕	（名）	屋顶	（제10과）
지속되다(持續--)	（自动）	持续，继续	（제13과）
지역(地域)	（名）	地域，地区，区域	（제2과）
지위(地位)	（名）	地位	（제11과）
지인(知人)	（名）	认识的人，熟人	（제13과）
지켜보다	（他动）	看护，守护，看着	（제5과）
지평(地平)	（名）	新的一页，新纪元，新篇章	（제14과）
지폐(紙幣)	（名）	纸币	（제6과）
지형(地形)	（名）	地形	（제7과）
지혜롭다(智慧--)	（形）	智慧，聪慧	（제5과）
지휘자(指揮者)	（名）	指挥者	（제6과）
진정하다(眞正--)	（形）	真正的	（제3과）
진출(進出)	（名）	进入，步入，走上	（제6과）
진학하다(進學--)	（自动）	升学	（제11과）
진행하다(進行--)	（自动/他动）	进行，展开	（제2과）
질병(疾病)	（名）	疾病，疾患	（제5과）
질서(秩序)	（名）	秩序，顺序，条理	（제12과）
짐	（名）	行李	（제9과）
짐작하다(斟酌--)	（他动）	斟酌，估计，估量，预料	（제5과）
집들이	（名）	乔迁宴	（제3과）
집안일	（名）	家事，家务	（제5과）
짓다	（他动）	写，作；做，制造	（제5과）

짜다	(形)	咸	(제13과)
쩔쩔매다	(自动)	手足无措，团团转	(제1과)
쫓기다	(被动)	被追赶，被撵	(제10과)
찌다	(他动)	蒸	(제1과)
차다	(自动)	充满，饱含	(제12과)
차분하다	(形)	沉静，冷静，沉稳，镇静，文静	(제9과)
차수(次數)	(名)	次数	(제2과)
차지하다	(他动)	占有，占据	(제10과)
착각하다(錯覺--)	(自动/他动)	错觉，误会，搞错	(제13과)
착실하다(着實--)	(形)	实在，踏实；充足，充分	(제4과)
착용하다(着用--)	(他动)	戴，穿戴	(제1과)
참다	(他动)	忍住，忍受，容忍	(제2과)
창백하다(蒼白)	(形)	苍白，煞白，惨白	(제12과)
창작하다(創作--)	(他动)	创作	(제14과)
채팅방(chatting房)	(名)	群聊，聊天室	(제1과)
책임감(責任感)	(名)	责任感，责任心	(제11과)
책임지다(責任--)	(他动)	负责，负责任，承担责任	(제6과)
챙기다	(他动)	收拾，准备，备齐	(제1과)
챙기다	(他动)	善待，照顾，关照	(제11과)
처마	(名)	屋檐	(제10과)
천부인(天符印)	(名)	天符印	(제5과)
천왕봉(天王峯)	(名)	天王峰	(제7과)
천재(天才)	(名)	天才	(제12과)
철저하다(徹底--)	(形)	彻底，完全，全面	(제13과)
철쭉꽃	(名)	山踯躅花，杜鹃花	(제7과)
청정 지역(清淨地域)	(名)	清净地区，无污染地区	(제7과)
청진기(聽診器)	(名)	听诊器	(제8과)
체구	(名)	躯体；身材	(제4과)

체하다(滯--)	(自动)	积食，滞食，伤胃	(제5과)
초	(名)	蜡烛，蜡	(제8과)
초가(草家)	(名)	草房，草屋，茅屋	(제10과)
초래하다(招來--)	(他动)	招致，导致，带来	(제9과)
초상(肖像)	(名)	肖像	(제6과)
총장(總長)	(名)	（大学）校长	(제14과)
촬영하다(撮影--)	(他动)	摄影，摄制，拍摄	(제14과)
최선(最善)	(名)	最好，最高；全心全意，全力	(제14과)
최선을 다하다	(词组)	竭尽全力，尽力而为	(제4과)
추구하다(追求--)	(他动)	追求	(제11과)
추석(秋夕)	(名)	中秋节	(제1과)
추진력(推進力)	(名)	推进力，推力，推动力	(제11과)
축의금(祝儀金)	(名)	礼金	(제8과)
출장(出張)	(名)	出差	(제2과)
충격(衝擊)	(名)	冲击，打击，刺激	(제13과)
충돌하다(衝突--)	(自动)	冲突；碰撞，冲撞	(제10과)
충전기(充電器)	(名)	充电器	(제13과)
취하다(取--)	(他动)	取，拿；采取，采用	(제2과)
취향(趣向)	(名)	取向，志趣，喜好	(제3과)
치르다	(他动)	办，举办	(제8과)
치우다	(他动)	收起，清理，收拾	(제2과)
친근하다(親近--)	(形)	亲近，亲密，亲切	(제14과)
친지(親知)	(名)	亲人，知己，亲朋好友	(제1과)
친환경(親環境)	(名)	环保	(제2과)
침묵	(名)	沉默，寂静，静默	(제12과)
침착하다(沈着--)	(形)	沉着，沉稳；稳重，不慌不忙	(제3과)
칭찬하다(稱讚--)	(他动)	称赞，赞扬，表扬，夸奖	(제1과)
캄캄하다	(形)	墨黑，漆黑，黑暗	(제5과)

캠퍼스(campus)	（名）	校园	(제7과)
캠페인(campaign)	（名）	活动，运动	(제13과)
코드(code)	（名）	电源；电线	(제13과)
코트(coat)	（名）	大衣，外套	(제2과)
콧노래	（名）	（用鼻子）哼歌，哼唱	(제12과)
콩	（名）	黄豆，大豆	(제1과)
큰일	（名）	（婚丧嫁娶寿辰等）大事	(제2과)
키우다	（使动）	（"크다"的使动形态）养，培养；使变大	(제6과)
타다	（他动）	领，领取	(제7과)
타다	（他动）	锯	(제10과)
탁월하다(卓越--)	（形）	卓越，杰出	(제6과)
탐방(探訪)	（名）	探访；寻访	(제12과)
태백산맥(太白山脈)	（名）	太白山脉	(제7과)
태풍(颱風)	（名）	台风	(제12과)
터전	（名）	宅基地；基地	(제6과)
터지다	（自动）	破，裂，破裂，裂开	(제7과)
털끝	（名）	毛尖，毫毛；丝毫，一丁点儿	(제12과)
털실	（名）	毛线	(제14과)
텀블러(tumbler)	（名）	保温杯	(제13과)
통	（名）	份，个，回，次	(제11과)
통과되다(通過--)	（自动）	通过，合格，许可	(제9과)
통증(痛症)	（名）	痛症，病痛，疼痛	(제13과)
통풍(通風)	（名）	通风	(제2과)
투표하다(投票--)	（自动）	投票	(제9과)
튀어나오다	（自动）	突然跳出，冒出	(제10과)
트이다	（自动）	开阔；顺畅	(제2과)
특정(特定)	（名）	特定，一定	(제13과)
틀림없이	（副）	必然，必定，一定，肯定，毫无疑问	(제9과)

팀(team)	（名）	团体，团队，组，小组	(第9과)
파도(波濤)	（名）	浪涛，波浪	(第14과)
파일(file)	（名）	（电脑）文件夹	(第1과)
판매량(販賣量)	（名）	销售额，销售量	(第2과)
팔리다	（被动）	（"팔다"的被动形态）被卖；卖出去	(第11과)
팥	（名）	红豆，小豆	(第1과)
페트병(pet瓶)	（名）	塑料瓶	(第13과)
편안하다(便安--)	（形）	舒服，舒适，舒心；平安，无恙	(第5과)
편의시설(便宜施設)	（名）	便利设施，服务设施	(第2과)
편집(編輯)	（名）	编辑	(第9과)
펼치다	（他动）	展开，铺开；展现	(第6과)
평가(評價)	（名）	评价，评估，评定，评判	(第12과)
평화롭다(平和--)	（形）	和睦，安宁，平和	(第5과)
폐백(幣帛)	（名）	新娘给公婆的礼品；聘礼，彩礼	(第11과)
폐수 정화 시설	（名）	污水净化设备	(第13과)
폐수(廢水)	（名）	废水，污水	(第13과)
포기하다(抛棄--)	（他动）	抛弃，放弃，作罢	(第10과)
폭포(瀑布)	（名）	瀑布	(第7과)
표정(表情)	（名）	表情，脸色，样子	(第7과)
표하다(表--)	（他动）	表示，表达，陈述	(第8과)
푹	（副）	熟，酣，透	(第3과)
풍성하다(豊盛--)	（形）	丰盛，丰富	(第1과)
풍습(風習)	（名）	风俗，习俗，习惯	(第2과)
풍족하다(豊足--)	（形）	充裕，丰饶	(第1과)
프로젝트(project)	（名）	研究计划，研究项目，研究课题	(第3과)
플라스틱(plastic)	（名）	塑料，塑胶	(第13과)
피로(疲勞)	（名）	累，疲劳，疲累，疲倦，疲惫	(第7과)
피하다(避--)	（他动）	避，躲，躲开，逃避	(第10과)

하늘을 찌르다	(惯用句)	高耸入云；气势高涨	(第5과)
하마터면	(副)	差点，差一点儿，险些	(第3과)
하찮다	(形)	不怎么好，不怎么样，一般	(第14과)
학업(學業)	(名)	学业	(第11과)
학회(學會)	(名)	学会；学术会议	(第1과)
한(恨)	(名)	怨恨，忧愁，怨愤，遗憾	(第12과)
한가위	(名)	中秋，中秋节	(第1과)
한꺼번에	(副)	一下子，一次	(第1과)
한데	(名)	一处，一个地方	(第1과)
한지(韓紙)	(名)	韩纸（韩国传统工艺造的纸）	(第2과)
한창	(名)	正是时候，正烈，正浓	(第7과)
함부로	(副)	随意，随便，胡乱	(第2과)
함축적(含蓄的)	(名/冠)	含蓄	(第12과)
해돋이	(名)	日出	(第7과)
해발고도	(名)	海拔高度	(第7과)
해설사(解說-)	(名)	讲解员	(第12과)
해치다(害--)	(他动)	危害，损害，破坏；伤害	(第13과)
핵가족(核家族)	(名)	小家庭（父母与未成年子女组成的家庭）	(第11과)
핵심(核心)	(名)	核心	(第2과)
햇	(前缀)	当年的，新的，新下来的	(第1과)
햇볕	(名)	阳光	(第2과)
행사(行事)	(名)	活动，仪式，典礼，庆典	(第1과)
행사장(行事場)	(名)	活动场所，活动地点	(第13과)
향기롭다(香氣--)	(形)	芬芳，芳香，馨香	(第3과)
험난하다(險難--)	(形)	艰险，艰难	(第12과)
헝겊	(名)	布，布片	(第10과)
헤어지다	(自动)	离开，散开，分散；离别，分手	(第12과)
현모양처(賢母良妻)	(名)	贤妻良母	(第6과)

협력하다(協力--)	(自动)	协力，协作，合作，协助	(제9과)
형벌(刑罰)	(名)	刑，刑罚	(제5과)
형부	(名)	（女称）姐夫	(제11과)
형수	(名)	（男称）嫂子	(제10과)
형편(形便)	(名)	形势，情况；境况，生活状况	(제2과)
형형색색(形形色色)	(名)	形形色色，各种各样，五花八门	(제7과)
호기심(好奇心)	(名)	好奇心	(제5과)
호랑이도 제 말 하면 온다	(俗)	说曹操，曹操到	(제4과)
호평(好評)	(名)	好评	(제14과)
혼나다(魂--)	(自动)	挨骂，受罚	(제10과)
홍익인간(弘益人間)	(名)	弘益人间，造福人类，造福人民	(제5과)
화(火)	(名)	火气，怒气	(제2과)
화자(話者)	(名)	说话者	(제12과)
화합(和合)	(名)	和谐，和睦	(제1과)
확립(確立)	(名)	确立	(제6과)
확충하다(擴充--)	(他动)	扩充	(제13과)
환갑(還甲)	(名)	花甲	(제8과)
환불하다(還拂--)	(他动)	退钱，退款，退还，返还	(제8과)
환호성(歡呼聲)	(名)	欢呼，欢呼声	(제14과)
활달하다(豁達--)	(形)	豁达，大方，大度	(제9과)
활엽수(闊葉樹)	(名)	阔叶树	(제7과)
활짝	(副)	豁然打开貌；展开貌	(제5과)
황사(黃沙)	(名)	沙尘暴	(제1과)
황홀하다(恍惚/慌惚--)	(形)	入迷，着迷，出神；迷惑，神情恍惚	(제7과)
회식(會食)	(名)	会餐，聚餐，饭局	(제13과)
횟수(回數)	(名)	回数，次数，遍数	(제2과)

효도(孝道)	(名)	孝，孝道；孝敬，孝顺，尽孝	(제8과)
후드티(hood T-shirt)	(名)	带帽T恤衫	(제2과)
후회하다(後悔--)	(他动)	后悔	(제13과)
훼손되다(毁損--)	(自动)	损害，损坏，损伤	(제13과)
휴지(休紙)	(名)	手纸，纸巾，卫生纸	(제3과)
휴학하다(休學--)	(自动/他动)	休学	(제1과)
휴화산(休火山)	(名)	休眠火山	(제7과)
흘리다	(他动)	流，流出，流淌	(제9과)
흥부	(人名)	兴夫	(제10과)
흥분하다(興奮--)	(自动)	兴奋，激动	(제10과)
희끗하다	(形)	斑白，花白	(제14과)
힘쓰다	(自动)	用功，用力，努力	(제6과)
힘이 닿다	(词组)	力所能及，尽力	(제5과)
(김치를) 담그다	(他动)	腌制（泡菜）	(제10과)
(뜻을) 펼치다	(他动)	实现，展开（抱负、志向等）	(제5과)
(부모와) 떨어지다	(词组)	（跟父母）离，离开；掉，掉落	(제11과)
(분위기를) 돋우다	(他动)	暖场，助兴	(제8과)
(불을) 붙이다	(他动)	点火，点燃	(제8과)
(빛이) 나다	(自动)	发（光）	(제3과)
(약이) 쓰다	(形)	（药）苦，味苦，苦涩	(제11과)
(일이) 풀리다	(被动)	（"풀다"的被动形态）（事情）顺利解决	(제3과)
(일정을) 짜다	(词组)	定，定出，安排（日程）	(제7과)
SNS(Social Network Services)		社交网络	(제8과)